跟着大师去游学

沈嘉柯　王鹏远·著

化学工业出版社
·北京·

U0739359

图书在版编目（CIP）数据

跟着大师去游学 / 沈嘉柯，王鹏远著 . -- 北京：
化学工业出版社，2024. 9. -- ISBN 978-7-122-45841-4

Ⅰ. G624. 233

中国国家版本馆 CIP 数据核字第 20247UK619 号

出 品 人：李岩松
责任编辑：郑叶琳
文字编辑：李　彤
责任校对：李露洁
书籍设计：韩　飞

出版发行：化学工业出版社
　　　　　（北京市东城区青年湖南街13号　邮政编码100011）
印　　装：盛大（天津）印刷有限公司
710mm×1000mm　1/16　印张8　字数90千字
2024年8月北京第1版第1次印刷

购书咨询：010 - 64518888
售后服务：010 - 64518899
网　　址：http://www.cip.com.cn
凡购买本书，如有缺损质量问题，本社销售中心负责调换。

定　　价：48.00元
版权所有　违者必究

真正的学问

谈起"读万卷书"，很多读者朋友必定会联想到"行万里路"。踏遍山河，游历各地，通过自身对广大世界的真实体验来印证书本知识，这是极好的求学方式。我自己就特别喜欢出游，婉约秀丽的江南，沃野千里的中原，冰天雪地的东北，都去过了。但是，"行万里路"，并不只是走马观花，看一看旅游资料的堆砌介绍，浮光掠影，流于表面。

须知，真正的"行万里路"，要携带一颗思辨之心，一边欣赏风物人情，一边留心提出疑问，一边思考解惑，才能打通学问的脉络。

譬如，我们熟知的方志敏烈士的散文名篇《可爱的中国》，如果只从字面阅读，还不足以了解革命先烈的精神境界。

2021年，我应华东师范大学的邀请给湘鄂赣三省的大学生做红色经典讲座，赏析《可爱的中国》。我总在思考，为什么在那个积贫积弱、备受欺凌的旧中国，有人嚷嚷着投降，而方志敏烈士却坚定不移地抗战救国，并且相信中国一定有着美好的未来。他的自信心从何处而来？

到了江西省红色图书馆，同行的湖北教育电视台记者，安排了我和方志敏烈士的家属花真先老人对话交流。花真先老人当时已经88岁了，跟我说了许多关于家人的故事。第二天，我在方志敏烈士纪念园给大学生们讲解红色经典《可爱的中国》。踏上台阶，环顾四周幽静的风景，眺望远处的车水马龙，在翠绿的松柏之间，领读着文章段落，我觉得烈士的英魂依然守候着中国。今日之中国，已经实现了他的心愿。一阵清风吹过，我讲着讲着，那群大学生热泪盈眶了。

我了解到，方志敏烈士的后人及家属，依旧过着朴素的生活，拒绝利用英烈的名誉牟利，也不去当官，更没有高级小轿车接送，都是坐公交车出行。花真先老人一身青色的布衣，穿着黑色布鞋，拎着布袋，当天还捐出最新整理的研究方志敏的文献资料。这更加让我想起方志敏烈士另外那篇文章《清贫》。也让我想起 2020 年 4 月底我在人民日报出版社出版的《生命摆渡人》一书，这是中国首部反映抗击新冠肺炎疫情的文学作品。我因此接触了许多真实的抗疫英雄，记录他们的故事。

我把方志敏烈士的清廉家风的故事讲给学生们听，还把我所写的当代抗疫英雄故事与之结合起来讲给学生们听，透过真实的细节，他们真正听懂了烈士的崇高，英雄的伟大，真正读懂了方志敏烈士文章中蕴藏的家国情怀。我想，这就是同学们热泪盈眶的原因。

在带领大学生、中小学生研学的旅途中，我心中总在琢磨，总是忍不住感叹：吾国吾民，每当大灾大难来临之际，总有人勇敢站出来。"苟利国家生死以，岂因祸福避趋之"，我以为，这是千百年的优秀传统，潜移默化，早就融入了人们的血脉，储存在一代代人的心底。自己的家，自己捍卫。自己的国，要自己救。

抗战年代，有方志敏那样的英雄挺身而出，杀身成仁。抗疫期间，同样有英雄涌现，舍生忘死，救国救民。正是因为他们带头站出来，才有现在的中国。古今对照，我们才能真正读懂课文，读懂经典名篇。

近现代文学是这样的，中国优秀传统文化也是这样的。从千百年前的李白、杜甫、辛弃疾，再到鲁迅、萧红、冰心、老舍，等等等等，他们都是怀着爱国之心，抒发满腔热情，执笔写作，以笔代枪，或者直接投笔从戎。多年后，那些慷慨激昂、优美深情的文章，进入语文课本，来到中国青少年面前。

我们祖国的大好山河、名胜古迹，广泛分布在神州各地，美景无限，这才有了叶圣陶、朱自清、季羡林等老前辈的优美散文。读书破万卷，又行遍万里路，看见了文章背后人的故事，中华五千年文明历史一点一滴内化到我们身上，自然而然，中国青少年，就拥有了真正的学问。

沈嘉柯

2024 年 1 月

于江城武汉

目 录

第三章
草木听虫鸟，四时皆有情

第一章

江南好，风景旧曾谙

戴望舒：《雨巷》

大师履历

戴望舒（1905年—1950年），男，原名朝宷，字丞，小名海山，浙江省杭州市人。曾用笔名梦鸥、梦鸥生、信芳、江思等。中国现代派象征主义诗人、翻译家等。

课文赏析

古诗词相对来说是比较好懂的，因为创作者遵守着严格的格律和传统写法。古人写诗，目的就是抒情、言志。抒发人生失意、家国情怀，表达理想抱负、宏图大志，或者只是生活闲适饮酒饭局应酬之作，都比较清晰。

现代诗就不一样了。戴望舒的《雨巷》就属于现代诗派，运用了西方诗歌的技巧，写得空灵朦胧，仿佛在诉说着忧愁，但你又不能确定其中是仅有忧愁，还是在暗示暗喻别的主题。

到底应该怎么欣赏现代诗呢？我教大家一个方法，先看诗里有没有"来历"，再看作者处于什么心境。

我们先来看"来历"。

戴望舒的这首现代诗，并不是凭空写出来的，而是从古代诗歌中获取的灵感。第一个"来历"是五代时期李璟的《摊破浣溪沙》："青鸟不传云外信，丁香空结雨中愁。"另外一个"来历"是唐代李商隐的《代赠》："楼上黄昏欲望休，玉梯横绝月如钩。芭蕉不展丁香结，同向春风各自愁。"

你看，搞清楚了"来历"，你就会发现，丁香原来在我们的文化传统意象里，一直都是哀愁的意思。

其实，李璟的词，表面上写的是爱情，写的是男女之间的思念忧伤。实际上，结合作者所处的时代，才能体会到更深层的情感，李璟所在的南唐，被后周严重威胁，亡国的忧患意识时刻盘旋在他心头。心情压抑的李璟，不想直接表达对亡国的担忧，就只能通过写爱情来抒发。

有了这样的古诗词鉴赏经验，我们再看现代诗《雨巷》，就比较好懂了。

撑着油纸伞，独自
彷徨在悠长、悠长
又寂寥的雨巷，
我希望逢着
一个丁香一样的
结着愁怨的姑娘。

她是有
丁香一样的颜色，
丁香一样的芬芳，
丁香一样的忧愁，
在雨中哀怨，
哀怨又彷徨；

诗里的"我"，希望遇到一个像丁香花一样的姑娘。这个姑娘像丁香一样美丽清香，还带着忧愁的气质，惹人怜惜。

为什么要遇到忧愁的姑娘，而不是快乐活泼开心的姑娘呢？当然是因为作者本人彷徨寂寥。这就是戴望舒当时心境的写照。

为什么作者是这样的心境呢？我们就得结合他这个人、他所处的时代来看了。

戴望舒是浙江杭州人。杭州多雨，小巷子也多。《雨巷》是戴望舒 1927 年写的诗，1928 年发表在《小说月报》。写诗的时候，戴望舒 22 岁，正处于纷乱落后的民国时期。那一年，国民大革命失败，旧中国看起来更加没有希望。人们普遍觉得压抑困顿，知识分子们更加敏感而苦闷。

戴望舒是名牌大学的学生，上海大学被封后，转入震旦大学。在

当时他属于高学历青年，他和一群朋友创办诗歌杂志，结诗社，积极参与社会活动。

了解这些关于作者的故事，其实有助于我们理解文学作品是怎么创作出来的。

从戴望舒的人生故事里，我们会发现，这个诗人敏感冲动，感情细腻。也难怪，他会写出《雨巷》。

诗的下半截是这样写的：

她飘过

像梦一般的，

像梦一般的凄婉迷茫。

像梦中飘过

一枝丁香的，

我身旁飘过这女郎；

她静默地远了，远了，

其实写诗，就是一种情感的表达。女郎远去，爱情挫折，最容易激发诗人的灵感。再加上江南雨巷的狭长、寂寥，难免心中充满了丁香一般的忧愁。

诗歌的魅力在于，它不是固定单一的。一首诗，既可以表达爱情的失意，也可以象征着人生的困顿，对国家未来的忧虑。

所以，了解"来历"，搞懂心境，我们就走进了戴望舒的内心，大概能够体会他的心境了。回过头再读这首诗歌，感觉就对了。

诗里是不可能写作者成功与"丁香一样的结着愁怨的姑娘"在一起，诗里，一定要写姑娘飘远，作者因得不到而惆怅。

作家点拨

现代诗，也是有着典型特点的。我们通过典型特点，可以掌握作者的写作技巧。

比如现代诗有明确的主体和客体，不像古诗词那么的隐藏含蓄。

在《雨巷》里，主体是我——撑着油纸伞的青年男子。

客体对象是一个女郎——丁香一样结着愁怨的姑娘。

我希望与这样的女孩相逢，希望她和我一样撑着油纸伞，同样的彷徨，同样的哀怨。也就是说，作者希望找到一个同类，一个跟他相似，又有共鸣的人。

"我"和"她"直接出现，直接表达，这是现代诗的一个典型特点。而古诗词，往往把"我"隐藏在文字背后。

在描写丁香姑娘的时候，现代诗的另外一个特点出现了，那就是排比。

丁香一样的颜色

丁香一样的芬芳

丁香一样的忧愁

诗，是要诵读出来才有感觉的。用排比来写颜色、气味、情绪，就增加了诗的韵律。如果把这三句排比，用常规的记叙文或散文体改写成"她是有丁香一样的颜色、芬芳和忧愁"，你就会发现，虽然看起来很精练，但顿时变得寡淡无味了。

人文地理

杭州，古称临安、钱塘，从古至今都是繁华之都。这座城以水闻名，无论是娇羞的西湖，还是波澜壮阔的钱塘江，都留下了无数文人墨客的足迹。唐代著名的大诗人白居易曾在杭州当官，在西湖畔吟诵出名句"最爱湖东行不足，绿杨阴里白沙堤"。后人为纪念白居易，便将白沙堤改名为白堤。与白堤常常被一同

提起的，一定是苏堤。宋代著名的文学家苏轼，一生仕途不顺，曾在多地为官，其中就有杭州。他在杭州做官时，修建了如今的苏堤。著名的"欲把西湖比西子，淡妆浓抹总相宜"就是苏轼在西湖游览饮酒时有感而作。也是现在我们常常把西湖称为西子湖的由来。

西湖之外，杭州的灵隐寺也特别有名，灵隐寺旁边的飞来峰遍布佛像，形态各异，很值得认真游览。记得我第一次去杭州玩，便到西湖边看风景，那天从早到晚下着绵绵细雨，坐在游船之中，四周的山都是朦朦胧胧的。不管是断桥还是雷峰塔，都只有模模糊糊的轮廓。这就是烟雨江南吧。

我们俗称的江南，主要包括江浙一带，从古到今都是比较富庶的地方，人口众多，居住密集，房子自然也挨得近，这就形成了苏杭地区民宅多巷子的特点。落雨的季节，不管是回家还是出门的人，都会撑着一把油纸伞走在巷子里，成为当地的一道风景。戴望舒的童年成长记忆也不会例外，多年后，难免化为笔下的句子。

细雨绵绵本来就给人愁怨的感觉，再加上一位美丽忧愁的姑娘，自然让人联想起唐诗宋词里的丁香花。如果你也去杭州玩，不要担心下雨，雨天出门更加有一种诗意的氛围。

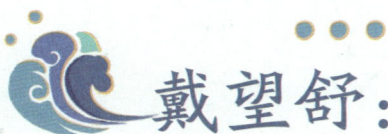

戴望舒： 《在天晴了的时候》

在天晴了的时候，
该到小径中去走走：
给雨润过的泥路，
一定是凉爽又温柔；
炫耀着新绿的小草，
已一下子洗净了尘垢；
不再胆怯的小白菊，
慢慢地抬起它们的头，
试试寒，试试暖，
然后一瓣瓣地绽透；
抖去水珠的凤蝶儿，
在木叶间自在闲游，

把它的饰彩的智慧书页，
曝着阳光一开一收。

到小径中去走走吧，
在天晴了的时候：
赤着脚，携着手，
踏着新泥，涉过溪流。

新阳推开了阴霾了，
溪水在温风中晕皱，
看山间移动的暗绿——
云的脚迹——它也在闲游。

课文赏析

欣赏这篇作品，我们只需要抓住一个关键就可以了，那就是一个诗人的童心。

这首诗歌特别轻快可爱，描述的内容中也带着儿童般的口吻。

首先，我们可以看看诗中写到的事物，比如雨后的小径、新绿的小草、不再胆怯的小白菊。这一连三个"小"字，让我们感觉到了一种活泼稚嫩的趣味。

然后，我们再看看诗里面描写的动作。小草在炫耀着新绿，像不像一个小孩子穿上了漂亮的新衣服，忍不住炫耀给伙伴看呢？至于小白菊，不胆怯了，慢慢抬头，试试寒，试试暖。这像不像一个小孩子被大人带出去见世面的样子呢？有点害羞，又跃跃欲试。

还有"赤着脚，携着手，踏着新泥，涉过溪流"这几句。光脚玩水、玩泥巴，这简直是大多数儿童都喜欢的事。这是孩子们的天性。不管是在城市还是在乡村，我们总是能看到小孩子在一起追逐打闹，玩着水，踩着泥巴的场景。

尤其是最后那一句，"云的脚迹——它也在闲游"。这像不像一个放了假的小孩子，自由自在，漫山遍野地游荡？这是多么快乐天真的状态。

综合以上两点，我们就可以得出一个结论：这是一首充满了童趣的诗歌。虽然写这首诗的时候，戴望舒已经是一个成年人了，但他没有忘记自己的童心，依然是以一个儿童的视角去打量着雨后的大自然，甚至忍不住亲自走向这样的大自然，像孩子一样去玩耍，去欣赏美丽的事物。

我一直觉得，诗人都像长不大的孩子。他们用儿童眼光去看待这个世界，更加敏锐，充满了惊奇的遇见，以及美的发现。

就创作背景来说，这首诗写于1944年，那时候抗日战争就要结束了。中国人民越来越能看到胜利曙光的来临。尤其是诗中那一句"新阳推开了阴霾了"，给予人们正义必会战胜邪恶的希望。

作家点拨

从写作角度来说，我们可以重点关注一下这首诗歌里面用到的修辞手法和写作手法。

一是拟人。小草、小白菊被戴望舒写得活灵活现，十分可爱。"新阳推开了阴霾了，溪水在温风中晕皱"，太阳和溪水也被他写得生动无比，有着人的感情，人的积极明朗的态度。

"看山间移动的暗绿——云的脚迹——它也在闲游。"既写出了云影投射在山间，使一片绿树呈现出暗绿，又写出了云的逍遥自由。通过拟人化的云，表达了丰富的含义，一举两得。云在天空漫步，人在雨后小路上漫步，两者构成了绝妙的映衬。

二是精致的比喻。"抖去水珠的凤蝶儿，在木叶间自在闲游，把它的饰彩的智慧书页，曝着阳光一开一收。"把凤蝶的翅膀比喻成饰彩的智慧书页，这在其他的文学作品当中没有看到过。可以说，属于戴望舒的创新。新奇精致的比喻，能够赋予诗歌深刻独特的寓意。在阳光下，这"书页"一开一收，那么，我们就会产生联想：是谁在翻阅这本"智慧的书"？

诗歌的魅力，就体现在这里。诗人没有直接写出来的东西，却更加迷人、耐人寻味。很显然，读着蝴蝶翅膀的人，是诗人，也是每一个愿意发现美、发现智慧的人。

真正的智慧，不仅仅写在书页里，也藏在万物之中。一只蝴蝶，同样也可以是一本充满智慧的书。那么，让我们举一反三，一棵树，一棵草，一朵花，都能给我们以人生的领悟。

三是俏皮的口吻，充沛的感情。这首诗的语言风格，是亲切的、活泼的。反复读着"去走走"，我们仿佛能够听到诗人热情洋溢的呼唤。如果我就在诗人的身边，一定会欢欣雀跃地跟着他出发。诗人是那么地喜爱这雨过天晴的好风光，他发自内心地写出这首诗歌，催促着大家出门走走。

雨停了，去户外走走。花草树木，山山水水，这一切都很好，这一切都很美，令人心旷神怡，是一种至高无上的享受。

我特别推荐青少年朋友，以这首诗为范例，模仿着来写一写你身边的大自然风光。充分运用拟人和比喻这两种修辞手法。

人文地理

在写这篇诗歌赏析的时候，我所在的江城武汉，恰好也是雨过天晴。我眼前的风景，和戴望舒笔下的诗句，有着相同的美丽。这是十月的秋天，温柔的阳光，逗留在窗外的草叶水珠上，绽放出斑斓的光彩。害羞的桂花树，把它小小的花朵藏在碧绿的叶子下面。桂花和世界上绝大多数花卉比起来，实在是太细小了，比米粒儿都要小。可是，这样细细小小的桂花，却有着浓郁无比的香气。任何人从桂花树下走过去，衣裳都会沾满了芬芳。去走走吧，和草儿握个手，和蛐蛐聊一下天。凉爽秋风中，我深深嗅一口桂花香，心想何不采摘一些，带回家做汤圆呢？

鲁迅：《从百草园到三味书屋》

大师履历

鲁迅（1881年—1936年），浙江绍兴人，原名周树人，原字豫山，后改为豫才，著名文学家、思想家、革命家、教育家。五四新文化运动的重要参与者，中国现代文学的奠基人之一，代表作有《狂人日记》《呐喊》等。鲁迅在文学创作、文学批评、文学史研究、翻译等多个领域作出了重大贡献。他对于五四运动以后的中国社会思想文化发展具有重大影响。

课文赏析

我们在欣赏鲁迅先生的这篇散文时，最重要的是抓住两点。

第一点是百草园和三味书屋的对比，这两个地方有什么区别？第二点是鲁迅先生怀着什么样的感情来创作这篇文章？

先说第一点。百草园属于小孩子的乐园，在这里鲁迅先生度过了快乐天真的童年，沉浸在玩乐的幸福当中。三味书屋则是他接受教育的地方。对于儿童来说，玩和接受教育，都是天经地义的事。

百草园里有菜畦和皂荚树，有美味的桑葚，有黄蜂停在菜花上采蜜。天上有云雀飞翔，墙脚还有昆虫们在唱歌。斑蝥还会喷出一阵烟雾……

所有这一切，都充满了无限趣味。

　　百草园不仅仅有大自然的多姿多彩，还有神奇的民间传说。相传园里有一条赤练蛇，会变化成美女来害人，飞蜈蚣可以对付美女蛇。

　　三味书屋就不一样了，一个小孩子长大了，就要去上学了，听着教书先生的话，学古诗，学课文。好在这位教书先生是一位很温和的老师。定下了罚跪的规则，但是不常用，有戒尺，也不常常用来打学生们的屁股。

通过这样的描写，我们就看明白了，教书先生最初的严厉，只不过是装样子罢了。在散文里面，这位教书先生的教学甚至非常松散，他自己时不时读书入神，学生们就在课桌下玩自己的小游戏。

了解了第一点，我们就顺理成章地理解了第二点。鲁迅写这篇散文时怀着浓浓的怀旧之情。人在长大之后，多多少少都会怀念童年。因为童年是一个人最开心快乐、无忧无虑的阶段。大人们背负起生活的重担，努力给孩子一个丰富的童年。

那么，什么样的童年才是真正有意义的呢？我认为，最好的童年，是先在大自然中成长，然后再去读书识字，读懂诗词歌赋、经史子集。

摸过梅花、桂花、蝉，见过云雀，听过蛐蛐的歌唱，再读到写这些东西的诗词和文章，就比较好懂了。

从百草园到三味书屋的风土人情，是鲁迅先生心中最柔软的回忆。我甚至会想象，鲁迅先生在创作这篇散文的时候，脸上时不时浮现微笑。

作家点拨

先说说散文里的写作技巧。文章开头写道："不必说碧绿的菜畦，光滑的石井栏，高大的皂荚树，紫红的桑椹❶；也不必说鸣蝉在树叶里长吟，肥胖的黄蜂伏在菜花上，轻捷的叫天子（云雀）忽然从草间直窜向云霄里去了。"

细细琢磨，你会发现鲁迅先生在说反语。虽然写了"不必说"，其实都说了。而且用了很高明的描写手法。碧绿、光滑、高大、紫红、肥胖、轻捷、长吟，这是从颜色、声音和状态入手对事物进行描写

---

❶ 现在多写作"桑葚"。

每一个词，都准确抓住了事物的特点。

把百草园里的典型事物写好了，读者自然就对百草园有了全面的感知。其实写作说简单也简单，我们普通人都有眼耳口鼻舌，调动这些器官的功能，看见什么颜色，听见什么声音，闻见什么气味，尝到什么滋味，把这些交代清楚了，也就写好了事物。

在写这些事物的时候，鲁迅先生也是按照最符合生活习惯的顺序。

先写远处的再写近处的，先写高大的再写低矮的。比如先写"高大的皂荚树"，然后写"单是周围的短短的泥墙根一带，就有无限趣味。油蛉在这里低唱，蟋蟀们在这里弹琴。翻开断砖来，有时会遇见蜈蚣；还有斑蝥，倘若用手指按住它的脊梁，便会拍❶的一声，从后窍喷出一阵烟雾"。

先写安静的再写活泼好动的。比如先写何首乌藤和木莲藤，还有酸酸甜甜的覆盆子，都是比较安静的植物花草。然后写生动的美女蛇和飞蜈蚣的民间传说。

先写夏天再写冬天，比如先写"鸣蝉在树叶里长吟，肥胖的黄蜂伏在菜花上"，这是夏天的典型风景。然后写了冬天的百草园，闲得无聊，只好捕鸟。

再说说散文里的文化寓意。散文有纪实的特点，文中那位教书先生，在真实生活里，也就是秀才寿镜吾。为什么要叫三味书屋呢？据寿镜吾的孙子回忆，曾不止一次从祖父口中听到关于这一名称的解释。

三味的含义是"布衣暖，菜根香，诗书滋味长"。寿镜吾是一位典型的旧时代知识分子，他对人生的感悟，遵循了传统的道德文化观念。

---

❶ 现在写作"啪"。

"布衣暖"就是甘当平头百姓，不去当官的意思。"菜根香"蕴含了君子固穷的深意，菜根象征朴素艰苦，跟大鱼大肉对立。明代有一本著名的书叫《菜根谭》，就表达了古代文人安贫乐道的精神。

"诗书滋味长"是爱读书的意思。我们的古人，把"诗书"放在人生价值观最高的位置。尊重诗书，提倡读书。

虽然鲁迅先生生前反对过读古书，但他的真实心声，其实是希望青年们多读现代书，拯救旧中国。鲁迅先生的本意，依然是尊崇知识的力量。鲁迅先生弃医从文，就是想从精神文化上改造国人。

鲁迅不仅爱读书，他还爱思考。

在散文里，他向教书先生寿镜吾提问："先生，'怪哉'这虫，是怎么一回事？……"结果寿镜吾不愿意说，只回答不知道。

寿镜吾是传统旧社会培养的秀才，认为学生不应该问这些事，只要读书，不给鲁迅解答。这正是鲁迅反对读古书的原因。古书里有很多玄虚晦涩、不求甚解的东西。

鲁迅之所以能成为鲁迅，成为中国最伟大的现代作家之一，也跟他毕生爱读书、爱思考有关。

人文地理

百草园有着典型的江南风物特点。我去浙江玩的时候，走过老巷子，在一些老宅子里转悠过。一般这些老宅子，都会配着花园。有花园，就一定会有各种花草树木，昆虫鸟雀。这才有了鲁迅童年里丰富多彩的百草园。花鸟鱼虫，本来就是大自然里最可爱的东西。

在鲁迅故居，三味书屋的陈设还保持着昔日的古香古色，书房的中间悬挂着匾额，匾额上是"三味书屋"四个大字。少年鲁迅刻了"早"字的那张书桌，在房子的东北角。就是在这里，鲁迅接受了早期的文学启蒙。

我记得我在一个清代富商的老宅里，还看到墙脚遗留的瓷器瓷片。那多半是许多年前，住在里面的孩子打破的花瓶。岁月流逝，墙壁斑驳，壁虎漫步在藤萝花叶当中，书籍字画上也难免落了灰尘。但只要是富裕人家，必定有书房。

鲁迅：《少年闰土》

课文赏析

城市生活和乡村生活有着截然不同的乐趣。在鲁迅先生的笔下，既塑造了闰土这个少年朋友的人物角色，也描绘了乡村生活里的独特乐趣。

城市的童年生活充满了各种抽象的玩具，以及汽车、电线杆和许多钢筋水泥建筑物。大多数是没有生命的事物。

乡村的童年生活是在广阔田野上，充满无穷无尽的大自然的细节。昆虫、花草、鸟雀，大多数是有生命的。更加具体，更有画面感。

《少年闰土》是从鲁迅的短篇小说《故乡》里节选的。

读完这篇文章，你会发现，鲁迅先生是多么怀念故乡，怀念童年的小伙伴闰土，怀念那些美好的记忆。

在这篇文章里，鲁迅先生用文字给我们创造了四个有趣生动的场景。

第一个场景是看瓜刺猹。"深蓝的天空中挂着一轮金黄的圆月，下面是海边的沙地，都种着一望无际的碧绿的西瓜，其间有一个十一二岁的少年，项带❶银圈，手捏一柄钢叉，向一匹猹尽力的❷刺去，那猹却将身一扭，反从他的胯下逃走了。"

这个场景是少年鲁迅在听了闰土的讲述后，自己想象出来的。猹的灵活、闰土的勇敢，还有色彩缤纷、美丽而充满诗意的风景，构成了经典的文学场景。这就是真正的好文笔。

后面的三个场景，也都是闰土直接讲给鲁迅听的。

第二个场景是雪地捕鸟。闰土讲述："我们沙地上，下了雪，我扫出一块空地来，用短棒支起一个大竹匾，撒下秕谷，看鸟雀来吃时，我远远地将缚在棒上的绳子只一拉，那鸟雀就罩在竹匾下了。什么都有：稻鸡，角鸡，鹁鸪，蓝背……"

对于小孩来说，能抓到那么多不同品种的鸟雀，是多么好玩有趣的事。而且少年闰土对大自然鸟类的了解，显然比深宅大院里长大的少爷鲁迅更丰富。这些鸟雀的名字，闰土都能说出来。

---

❶ 现在写作"戴"。

❷ 现在写作"地"。

　　第三个呢，就是夏天拾贝。闰土对鲁迅这样说："你夏天到我们这里来。我们日里到海边检❶贝壳去，红的绿的都有，鬼见怕也有，观音手也有。"

　　第四个是观跳鱼儿。闰土告诉鲁迅："我们沙地里，潮汛要来的时候，就有许多跳鱼儿只是跳，都有青蛙似的两个脚……"

　　少年闰土是多么可爱、多么有魅力的一个小伙伴。他在大自然的怀抱里接受"美"的熏陶，感受着万物的生命力。但是，这却是他一生中最高光最幸福的时刻。他作为帮工家的儿子，长大成年后，生活越来越悲惨。

　　要想真正读懂这篇文章，还是要了解一下鲁迅创作的背景。《故乡》创作于1921年，那一年鲁迅40岁，正值中年。这篇文章的主角闰土，他的真名叫作章闰水，是鲁迅家一个帮工的儿子。

　　曾经的那个少年闰土，有着无穷无尽的有趣故事。在原文《故乡》中，过了许多年，鲁迅和这个童年的小伙伴又见面了。这个时候他们都长大了，鲁迅在文中前后呼应，逐一对照，描绘出闰土的变化。

　　中年闰土先前紫色的圆脸变成了灰黄色，而且还多出了很深的皱纹。在他的头上有一顶破毡帽，呼应着少年闰土的那顶小毡帽。脖子上那个银项圈也没有了。

　　而且中年闰土在见面的时候，一开口称呼鲁迅的是：老爷。

　　鲁迅知道，从此他们之间隔了一道深厚的悲哀的墙壁。

　　那个天真活泼、有趣的少年闰土一去不复返。那些美好的童年记忆，被残酷的现实压得粉碎。

---

❶ 现在写作"捡"。

鲁迅在这篇文章里面，把"对比"这种表现手法运用到了极致。从外貌到对话，再到行为，都刻画得淋漓尽致。

少年闰土有多么可爱，中年闰土就有多么可悲。这对鲁迅来说，是巨大的人生冲击。鲁迅写下这些回忆，写下故乡的小伙伴，文字里带着深深的哀伤。

在月亮下面，在沙地的田里，少年闰土勇敢地刺猹，那个时候他还没有遭受社会的毒打，尤其是人对人的压迫。"老爷"这个称呼，对应的是仆人或农奴。

鲁迅读了书，留学海外，回国之后找到一份体面的工作，在教育部上班。而闰土只能在农田劳碌，为填饱肚子而发愁，在海边种地，天天吹着海风，十分辛苦。收成不好总是存不下钱来，种的东西也卖不掉。闰土家里还有 6 个孩子，生活格外困难。再加上苛捐杂税，土匪和官兵的压榨，闰土的人生中只有一个字：苦。

这就是鲁迅伟大的地方，他始终关注着人间的"苦"，关心最具体的人。读懂了鲁迅对故乡的思念，对闰土的同情悲悯，才能读懂鲁迅写杂文评论时的愤怒，他以文字为武器批判社会丑恶，是因为他对旧中国苦难的人们、苦难的大地，爱得无比深沉。

作家点拨

首先，这篇文章最核心的地方是，在童年时代，鲁迅非常羡慕闰土的乡村生活，但是，他们两个人之间却有着深深的鸿沟。鲁迅是少爷，闰土只是帮工家的儿子。他们的阶级，决定了两人不同的人生走向，拥有不同的命运。所以常规考试，会考到鲁迅和闰土的身份差别。

　　其次，文章里用到了白描、比喻、对比等多种写作手法，直接写了闰土的外貌特征："紫色的圆脸""头戴一顶小毡帽""项带银圈"。因为闰土在乡下常常劳动，常常晒太阳，才会晒红，甚至红到发紫。毡帽也有遮阳挡雨的作用。给小孩子戴银项圈以求长命，是封建迷信，同时也反映了当地的风俗人情。这些细节，到了闰土中年时，又逐一对比写出来，特别能引发读者思考。鲁迅从少爷变成老爷，闰土却从活泼可爱的少年，变成饱经风霜的贫苦农民。为什么闰土会活得那么苦？根本原因是什么？

　　最后，《少年闰土》这篇文章是节选的，原文那句"老爷"，起到了画龙点睛的作用。表明了闰土彻底服从了社会阶层的压迫，没有任何主动反抗的意识。闰土对人生的转变不抱希望了，只想求生存。但是鲁迅依然相信希望。他在《故乡》的最后写道："希望是本无所谓有，无所谓无的。这正如地上的路；其实地上本没有路，走的人多了，也便成了路。"

人文地理

　　鲁迅的故乡在浙江省绍兴市，虽然中年的他，在《故乡》里写着故乡已经萧索。实际上，他还是认为自己的故乡是美丽的。

绍兴市内修建了鲁迅故居，现在已经变成了独特的历史风景区，非常值得参观，这里有很多我们在课本里学到的地标建筑物：土谷祠、百草园、三味书屋……我相信你的记忆会逐渐被唤醒，对照着课本，看看鲁迅生活的地方是什么模样。

土谷祠，是鲁迅笔下阿 Q 生活的地方，位于塔子桥头，在长庆寺

斜对面。从"百草园到三味书屋"，那是鲁迅度过少年时代的地方。你不妨去看看他的书桌，是不是真的刻着"早"字。当然了，还可以去咸亨酒店，吃几颗茴香豆，搭配着当地的黄酒，感叹几句孔乙己的人生。在这里，处处都是文学的韵味，供你体验传统旧式生活的滋味。如果穿一身长袍，再来一点细雨，就更加有感觉了。

在鲁迅故居东侧，还有一座闻名遐迩的沈园，体验完鲁迅的生活，去沈园坐坐，也是极惬意的事情。园子里的亭台楼阁坐落在山水之间，偶尔有几条布满绿荫的小路，曲径通幽。在石壁上，还留有千年前陆游与唐婉在此邂逅时，表达一腔愁绪的《钗头凤》。大诗人陆游和唐婉本是夫妻，二人新婚之后吟诗作对，琴瑟和鸣。但好景不长，在陆游母亲的严令之下，陆游被迫与唐婉分离。多年之后，在科举考试中遭遇陷害的陆游，心情沉重之际游览沈园，在人群之中竟看见自己日思夜想的唐婉。此时的唐婉，已经嫁作他人妇。二人相见，相顾无言，满腔愁苦都郁结在心中。于是，陆游便在沈园的石壁上写下了《钗头凤》："红酥手，黄縢酒，满城春色宫墙柳。东风恶，欢情薄。一怀愁绪，几年离索。错、错、错。春如旧，人空瘦，泪痕红浥鲛绡透。桃花落，闲池阁。山盟虽在，锦书难托。莫、莫、莫。"

在陆游题词之后，唐婉看着壁上的字字句句，追忆往昔似水年华，她对陆游的情感再次涌上心头。便在旁和词一首《钗头凤》："世情薄，人情恶，雨送黄昏花易落。晓风干，泪痕残。欲笺心事，独语斜阑。难、难、难。人成各，今非昨，病魂常似秋千索。角声寒，夜阑珊。怕人寻问，咽泪装欢。瞒、瞒、瞒。"

直到陆游生命的尽头，这位大诗人仍对曾经的妻子念念不忘，他在 84 岁的时候再次来到沈园，写下一首《春游》："沈家园里花如锦，半是当年识放翁。也信美人终作土，不堪幽梦太匆匆。"此后不久，陆游便离开人世。陆游与唐琬虽一生遗憾，但二人的经历都随着沈园这座园子流传千年，直至今日仍传诵不衰。

茅盾：《天窗》

大师履历

茅盾（1896 年—1981 年），原名沈德鸿，字雁冰，现代文学大师。

社会贡献：中国作家协会的第一任主席。

文学成就：新文化运动的先驱者，中国革命文艺的奠基人之一。"五四"以来第一个卓有成绩的文艺评论家。

主要代表作：《子夜》《白杨礼赞》《霜叶红似二月花》《春蚕》。

课文赏析

首先我想告诉你，对于一个作家来说，他的童年经历，往往深深地影响着他的创作能力。《天窗》里所写的故事，就是茅盾先生在浙江老家的童年经历。

茅盾生于 1896 年，出生地是浙江省桐乡市乌镇，《天窗》创作于 1928 年。那么我们可以得到一个重要隐藏信息：茅盾写文章的时候是 32 岁，他的这篇文章，是在回忆童年。

乌镇是一个什么地方？我本人去旅游过，亲眼观察过，那是一个江南水乡小镇。

茅盾笔下的老家天窗是什么样子的？我们来看原文，茅盾先生一开篇就做了介绍："乡下的房子只有前面一排木板窗。暖和的晴天，木板窗扇扇打开，光线和空气都有了。碰着大风大雨，或者北风呼呼叫的冬天，木板窗只好关起来，屋子里就黑得像地洞似的。于是乡下人在屋顶开一个小方洞，装一块玻璃，叫作'天窗'。"

茅盾先生写天窗，并不是只想写窗户本身，而是想写天窗带给他的童年美好回忆和他从中领悟到的人生哲理。

原文写道："夏天阵雨来了时，孩子们顶喜欢在雨里跑跳，仰着脸看闪电"。

绝大部分孩子都喜欢玩水，夏天炎热，最适合玩水，在雨里蹦蹦跳跳，清凉解暑，多么开心。天上的闪电那么明亮耀眼，十分有趣。

这就是散文创作的真实性原则，人物行为要符合环境。如果你写孩子们喜欢在冬天的雨里跑跳，那他们就冻得发抖了，不符合常理。

可是，大人们偏偏不允许孩子们这样玩，要求他们赶紧回到屋里来。

表面上看，这似乎在责怪大人们多管闲事。其实，你也可以思考一下，为什么大人不允许呢？难道大人不愿意看到孩子们得到快乐吗？

茅盾先生写这篇散文的时候，已经30多岁了，他自己就是个大人，自然会理解大人们的想法。所以，我想告诉你，鉴赏文学作品时有一个基本原则，那就是要读懂言外之意。

这篇散文的言外之意，其实是大人们担心孩子们淋雨后感冒着凉，担心大自然的闪电会造成意外电击，伤害到孩子。担心孩子在下雨天跑跑跳跳更加容易摔跤受伤。

正因为有许许多多的顾虑，大人们出于爱和担心，才不允许孩子们继续享受淋雨和看闪电的快乐。我们在阅读这篇作品时只有懂得其中的言外之意，才不会盲目模仿，懂得要安全避雷。

正因为大人们不允许，孩子们才会被关在地洞似的屋里，才会借助天窗，展开想象力，在脑海里幻想出更加美丽、更加奇异的风景。于是，文章的重点又回到了天窗。

"这时候，小小的天窗是你唯一的慰藉。"我们尤其要注意茅盾先生的这一句心理描写。为什么天窗是孩子们的慰藉，而且还是唯一的？

你可以想一想，当你在家，你可以看电视、上网、玩手机、打游戏等等等等。而童年时代的茅盾呢？

茅盾先生他的童年时代，距离现在有一百多年了。世界上最早的电视机，是在 1925 年发明的，互联网是 1969 年诞生的，手机则是 1973 年发明的。

一百多年前的浙江乌镇，还是小孩子的茅盾，回到乡下屋子里，没有手机，没有网络，没有电视。所以他才觉得，回到屋子就像是被关在地洞。

如果不是天窗，那真的就像住在漆黑的地洞里，要多无聊，就有多无聊，一点儿也不好玩。

你才会明白，茅盾先生为什么写下"小小的天窗是你唯一的慰藉"。这就是文学的典型特质，所有作家写的作品，总是深深地打上了他那个时代的烙印。

常见考点

选择题

课文为什么以《天窗》为题目呢？

A. "天窗"交代了课文要描写的对象。

B. "天窗"是贯穿全文的线索。

C. "天窗"既指屋顶的天窗，也暗指孩子们心灵上的天窗，含义深刻。

答案：ABC

作家点拨

在这里，我要教你一个作家写作的秘诀，你可以找一个本子，记录下50种常见的动物，50种常见的植物，将来再慢慢增加补充，建立一个属于你自己的比喻素材宝库。这一扇小小的"天窗"，将会诞生丰富奇特的想象。

人文地理

在我看来，乌镇是一个传承中国传统文化、融合现代元素的典型范本。当年我去旅游时，乘一叶小舟，半躺着随水飘飘摇摇到了镇上。

　　如果你也想去乌镇游览，那么我觉得有几个地方你不要错过。除了东栅景区的茅盾故居，还有江南百床馆，它是中国第一家收藏江南古床的博物馆。人的一生，一半时间是在睡眠，需要在床上度过。乌镇这样的江南水乡，在古代便是富庶地区。从那些精美的古床，你能够想象到过去的富人们的生活细节。

　　还有一个余榴梁钱币馆，藏有全世界 200 多个国家和地区的 2 万多种钱币，被誉为"万国银行"。余榴梁是我国知名的钱币学家，在他的钱币馆中我们可以看到，在一个个小小的硬币之上，充满了各国的审美设计风情。

　　最重要的是，乌镇是活的。它依然保留着生活气息，而不是纯粹的观光景区。

　　那天天气尚还晴好，我在乌镇的小酒楼，饮了半杯黄酒。卖黄酒的老板，直接端起杯子自己喝两口，又递给我一杯让我尝。微醺的我，觉得此地充满了亲热浓郁的人情味。他家门口的凤仙花开得漂亮，鸡和猫和平共处。破旧瓦罐和生活杂物随意堆放在院子里。我还在蓝印花布作坊参观了全部制作过程，给家人买了几块布带回去做纪念。离开的时候，我恋恋不舍。舍不得那一缕人情味，舍不得那江南水乡氤氲的生活气息。

叶圣陶：《记金华的双龙洞》

大师履历

叶圣陶（1894年—1988年），原名叶绍钧，字圣陶，杰出的教育家、文学家、出版家，被称为"优秀的语言艺术家"。

社会贡献："语文"一词的提出者，倡导白话文，主持编撰并审订《新华字典》，担任人民教育出版社社长，投身教育事业70多年。

文学成就：创作第一部中国现代童话集《稻草人》。代表作：《稻草人》《倪焕之》《春宴琐谭》《潘先生在难中》。

课文赏析

文章一开头就交代了双龙洞的地理位置，它是在浙江省金华市的北山。

北山，是金华市的郊区，所以得从金华的城区出发，差不多要走5公里的路，到一个叫罗店的地方，过了罗店渐渐就到了北山。

叶圣陶先生记录的出发时间是在4月14日。毫无疑问，这场探秘之旅，发生在春天。顺着弯弯曲曲的盘山公路，一路向上走，就可以看到漫山遍野的映山红。原文写道："山上开满了映山红，无论花朵还是叶子，都比盆栽的杜鹃显得有精神。"

其实，映山红就是杜鹃的一个民间称呼。叶圣陶先生通过这个对比，是在告诉我们，要像野外的映山红那样，扎根肥沃的土壤，沐浴着大自然的阳光风雨，茁壮成长、精神抖擞。别学盆栽里的杜鹃花，养得娇气软弱，一副提不起精神的样子。

继续爬上山，又遇到了美丽的惊喜。山上的沙土竟然是粉红色的，这是其他地方没有的特点。油桐树也开花了，油桐花是雪白当中带着一点鲜红。

通过这么一段简洁的描述，在我们眼前，出现了一幅巨大的立体画。

明艳如火的映山红开得满山都是的，构成大面积的红彤彤的颜色。其中点缀着雪白芬芳的油桐花，同时又与粉红色的沙土相互映衬。走在山里，整个人都被灿烂无比、明亮鲜艳的颜色包围。

一路上还有溪流在陪伴，溪流随着山势变化，有时宽有时窄，有时迅疾有时缓慢，水声潺潺，音调高低起伏，我们相当于听着天然音乐。

有声音，有画面，有香气，耳朵、眼睛、鼻子都在感受着美丽风景，这样的环境描写，才能让人身临其境。

继续向前，到了双龙洞洞口，美丽轻松的氛围顿时改变，山特别高，树木茂盛，显得气势逼人，给人一种压迫感，让人开始紧张起来，但又好奇双龙洞里的秘密，充满期待。

这个时候你会发现，开篇那些山花溪流的环境描写，不是浪费文字。强烈的对比，让这场探秘之旅更加刺激吸引人。

洞口像一个桥洞，进了山洞，豁然开朗，原文形容说"仿佛到了个大会堂"，"聚集一千或是八百人开个会，一定不觉得拥挤"。可想而知，山洞里有多么的宽阔。

既然山洞都那么大，那我们反过来可以想象，双龙洞所在的北山，只会更加宏伟庞大。

即将走进大山的最深处，探寻里面的神秘。你是不是感到更加期待？

再往前走，原来宽阔的山洞是外洞。

双龙洞的秘密，就藏在内洞里面，想要抵达内洞，必须穿过一个狭小的孔隙。溪流泉水也是从这个孔隙流出来的。

孔隙太小了，小到只能容纳一只小船进出。这船，最多只能装得下两个人。这两个人还必须紧紧靠着，并排仰卧，绝不能抬头。同时你也绝对不能挺身，你的后脑勺，你的肩膀背部，你的臀部脚跟，都必须紧紧贴着船底。

你如果稍微一抬头一挺身，就会撞破额头，擦伤鼻子，碰疼身体。打个比方，这种感觉，大概就像孙悟空被压在五行山底下，完全动弹不得。

你必须老老实实地躺好，大气都不能出一声。再由先前进了内洞的管理处工人，慢慢拿绳子拉船，把小船拉到内洞里。小船大约行了两三丈的水程，就到了内洞。

这儿我要给你解释一下，"丈"是古代的数量词，一丈约等于我们现在的 3.3 米。

叶圣陶先生把从外洞进到内洞的细节，写得细致入微。我们读着文章，就像亲身经历了一样。游山玩水的乐趣，除了秘境本身，还包括探秘的过程，往往就是这种平时体验不到的独特经历，最值得写出来。

到了内洞，探秘之旅也就来到了终点。但是，这个时候眼前一片漆黑，什么都看不见。这是因为，在大山的内部深处，阳光照不进来。叶圣陶去玩的那个年代，连电灯电线都没有引入安装。

四周昏暗，伸手不见五指。那该怎么办呢？

这就需要工人点亮汽油灯，借着灯光，这才看到内洞的景物。

当工人高高举起汽油灯，你就可以看到山洞里的秘密。在洞顶，蜿蜒盘旋着一条青龙，一条黄龙。但这两条龙，一动不动，完全固定着。原来，它们就是一条青色的石钟乳，一条黄色的石钟乳。两条石钟乳曲曲折折的轮廓线条，有点儿像龙的形状。双龙洞的名字，据说就来自这两条石钟乳。

内洞里还有四十多个石钟乳，形状千奇百怪，有的像神仙，有的像动物，有的像宫殿房子。还有的什么都不像，但灯光照上去五颜六色的，也很好看。

欣赏了这些斑斓多彩的石钟乳，叶圣陶的游玩也结束了，他就躺在小船里，原路返回了。

常见考点

1. 叶圣陶写了从进山到进内洞的过程，这属于叙述故事的时空线，是按照他自己的真实游览踪迹记录的。

路上→洞口→外洞→孔隙→内洞→出洞

2. 另外一条是溪流的暗线。叶圣陶从看到溪流，到溯源而上，一直来到了溪流的源头。

考点

那两条龙的由来，体现了我们中国传统文化里的一种审美技巧——"附会"，也就是把不相关的东西，硬要联系起来，所用的理由又很勉强。有个成语"牵强附会"，说的就是这种做法。

叶圣陶先生在原文里直截了当说明，他只是顺着工人的指点和解说，才觉得"有点儿像"。如果两样东西特别像，那就是精准比喻了。

你要是游览了更多的风景名胜，还会发现同样的情况。风景区里有一块长长的石头，人们就说成是大象的鼻子。有一座圆圆的山峰，人们就想象成猪八戒的光头。其实呀，并不怎么像，可能要寻找很久角度，在特定的光线下，才有那么一点点像。同时，可能还有许多传说故事，来解释这些奇形怪状的石头的来源。

补充理解

浙江金华当地的历史文献，就记载了关于双龙洞来历的民间传说，这是叶圣陶先生没讲到的故事，我来讲给你听，帮助你更加深入理解文章。

传说中，双龙洞的内洞本来是王母娘娘存放香水的"香露池"。池里的香水，是王母娘娘用金华山的无数鲜花泡制而得，可以美容养颜，特别珍贵。所以，王母娘娘特地派了小黄龙与小青龙看守香露池。

不幸的是，有一年金华地区遇到了大旱，哀鸿遍野，民不聊生。老百姓就到处寻找水源，一直找到了北山。大家发现这里树木花草生长茂盛，泥土湿润，肯定有水。

偏偏老百姓怎么挖，都挖不出源头。于是，快要渴死的老百姓们，痛苦地哀嚎起来。小青龙和小黄龙听到了老百姓的哭声，就想帮助老百姓。两条龙挥舞爪子，抓穿了石壁，香露池的水顿时哗啦哗啦往外流出去，老百姓得救了。

这两条龙拯救了百姓，却因私自放水触犯了天条。它们被王母娘娘处罚，用巨石压住，关在双龙洞内洞里面，化为石头。但双龙变成石头以后，依然吐出清澈的泉水，为老百姓造福，流淌至今。为了纪念和感谢这两条龙，就将此地取名为双龙洞。

延伸知识

1 "读万卷书，行万里路"是明朝大画家董其昌在《画旨》中提出的，原文是"然亦有学得处，读万卷书，行万里路，胸中脱去尘浊，自然丘壑内营"。

2 "读万卷书"还是一个文学典故，来自唐朝诗人杜甫的名句："读书破万卷，下笔如有神。"

作家点拨

其实，从历史和地理科学的角度来看，真相当然是，先有大山里的溶洞，洞里有奇形怪状的石钟乳，同时旁边还有溪流泉水，然后人们就发挥想象力，"附会"出了双龙放水拯救老百姓的故事。

"附会"既是审美技巧，让单调的风景变得更加有趣、有韵味，也是一种民间文学创作手法，寄托了老百姓朴素的愿望，希望遇到苦难时，会有善良好心的神龙站出来帮助大家。

人文地理

在叶圣陶先生笔下，浙江金华的双龙洞这一自然风景名胜，被全国的青少年知道了。这篇游记进入语文书之后，伴随一代代孩子，成了最迷人的旅游指南。

虽然文章叫《记金华的双龙洞》，但实际上，不仅写了目的地双龙洞，也写了沿途美丽风光。作为优秀知识分子的叶圣陶，读万卷书，行万里路，不仅游览祖国锦绣河山，歌颂大好山河，还写下游记分享给我们。

叶圣陶是在春天去的双龙洞，所以到处长满了灿烂的映山红。在夏天去，就只剩下漫山遍野的绿色了。过去的时代，景区设备不完善，甚至还需要用汽油灯来照明。现在的双龙洞，五彩缤纷的灯光打上去，恍恍惚惚，就好像神仙洞府一般，充满了瑰丽绚烂的色彩。叶圣陶先生没有写到的是，双龙洞里有一个冰壶洞，里面有一个大瀑布，水花四溅，如同银屑玉珠，非常壮观。

其实这也告诉我们一个道理。人间的美景是写不完的。每个人用自己的眼睛去欣赏，都能看到属于自己的那一份美。

叶圣陶：《苏州园林》

课文赏析

　　首先我要告诉你一个故事，《苏州园林》这篇文章本来是叶圣陶给一本书写的序。

　　在 1956 年，我国著名的建筑学专家陈从周教授，编撰了一本名叫《苏州园林》的书。这本书是一部学术论著，由同济大学教材科出版，是作为大学教材来使用的。书里以苏州主要园林的实地拍摄照片和建筑测绘图为蓝本，照片资料丰富翔实。

那么书出版了以后呢，叶圣陶也买了一本。读过书以后，叶圣陶觉得作者写得新鲜有味，给人带来很愉快的体验。阅读这本书，常常让叶圣陶回想起自己的童年时光，因为他就是苏州本地人。那时候，他还很年轻，和朋友们常常结伴同游。

又过了十几年，叶圣陶和书的作者陈从周教授认识了，并且还关系越来越好，互赠书画诗歌。

到了1979年，风光画报出版社也推出了一本《苏州园林》，找到叶圣陶，请他写书的序言。叶圣陶答应了。在写序言的时候，叶圣陶还没有看到这个出版社新推出的《苏州园林》。不过呢，叶圣陶觉得，新出版的这本《苏州园林》，继承了过去陈从周教授的那本《苏州园林》。

所以呢，他写这篇序言，还是基于自己过去对苏州园林的印象，以及对陈从周教授那本《苏州园林》的了解来写的。后来，文章被选入语文书，还做了一些调整删减。

所以呀，原文其实带着散文的色彩，带着叶圣陶抒情怀旧的意蕴。进了语文书的版本，删掉了来龙去脉，就变成了一篇比较纯粹的说明介绍文章了。

写小说、写散文需要"绕弯子，抖包袱，卖关子，藏悬念"。但写说明文，直截了当介绍是最好的。开门见山，是说明文特别好的一个优点。不绕弯子，让读者一目了然。

所以，语文书里的版本，文章的开头就直接介绍了"苏州园林据说有一百多处，我到过的不过十多处。其他地方的园林我也到过一些。倘若要我说说总的印象，我觉得苏州园林是我国各地园林的标本，各地园林或多或少都受到苏州园林的影响。因此，谁如果要鉴赏我国的园林，苏州园林就不该错过"。

这段开头特别精练，传递了两个意思。

第一，苏州园林丰富多样，叶圣陶只游玩过十几处。按道理来说，没有全部看过、了解过，怎么能谈"总的印象"？苏州的园林具有相似的"共性"，叶圣陶又看过了建筑学专家陈教授的《苏州园林》。他研究过专业著作，并抽象概括出园林共性，才有资格谈谈"总的印象"。

第二，叶圣陶认为苏州园林是中国其他地方园林的标本。因为苏州园林太优秀，太精致美丽了，全国大多数园林都在模仿借鉴它。我们鉴赏一个事物，当然不能错过其中最优秀的代表。

紧接着叶圣陶就指出了苏州的园林具有的共性——"务必使游览者无论站在哪个点上，眼前总是一幅完美的图画"。

事实上，苏州园林的设计，的确做到了让每个游客都觉得自己"如在画图中"。

园林设计师是如何做到这一点的呢？

你看，像叶圣陶这样写文章，就非常清晰直观，通俗易懂。

叶圣陶列出了四个关键细节：

1. 讲究亭台轩榭的布局；

2. 讲究假山池沼的配合；

3. 讲究花草树木的映衬；

4. 讲究近景远景的层次。

　　为了让读者进一步了解苏州园林的建筑风格与众不同，叶圣陶接下来运用了对比手法来介绍。他把苏州园林和其他宫殿、房子作比较。

　　原文写道："我国的建筑，从古代的宫殿到近代的一般住房，绝大部分是对称的，左边怎么样，右边也怎么样。苏州园林可绝不讲究对称，好像故意避免似的。东边有了一个亭子或者一道回廊，西边决不会来一个同样的亭子或者一道同样的回廊。"

　　这么一对比，我们就很明白了。苏州园林的美，体现在"风景如画"，这种美是怎么创造出来的？是通过"不对称"实现的。

　　把总的特点讲清楚了，读者就不会困惑迷茫。尤其是还没去苏州园林游玩过的读者，就对其有了大致的了解。

　　接下来的内容，叶圣陶就开始具体举例，告诉你哪些细节体现了总的特点。

　　比如："池沼或河道的边沿很少砌齐整的石岸，总是高低屈曲任其自然。"

又如："高树与低树俯仰生姿。落叶树与常绿树相间，花时不同的多种花树相间，这就一年四季不感到寂寞。"

再如："阶砌旁边栽几丛书带草。墙上蔓延着爬山虎或者蔷薇木香。"

还比如："如果开窗正对着白色墙壁，太单调了，给补上几竿竹子或几棵芭蕉。"

总之，苏州园林的设计师，致力于打破"对称""规规矩矩"与"整齐划一"。

作家点拨

我来给大家总结一下，叶圣陶先生这篇文章最大的优点。

写文章，是非常讲究结构的。所谓结构，也就是谋篇布局，要符合逻辑顺序。叶圣陶这篇《苏州园林》，完全符合"先总后分"的逻辑顺序。

首先，他提出总的结论：苏州园林追求艺术美、不对称。

然后，他解释了这样不对称的艺术美，是通过四个关键点实现的："讲究亭台轩榭的布局""讲究假山池沼的配合""讲究花草树木的映衬""讲究近景远景的层次"。

最后，他再拆分细节，通过举例子，告诉

你亭台轩榭是怎么布局的，花草树木又是怎么映衬的……

这样你就从总体到局部，都很清楚明白了。

同样，你也可以琢磨一下，为什么叶圣陶先生不采用"先分后总"的介绍顺序。

原因很简单，因为苏州园林，是一个复杂的综合体，包含的细节太丰富了，超出了一个人的眼睛观察事物的视野范围。你不可以一眼就看完一整座园林，所以必须开门见山，一上来就给你介绍总的特点，然后，再给你细细解说。就像你去一个城市游玩，最好是先拿一张地图，

总览城市全貌，这样你心里就有数了，知道怎么安排路线比较好。公共交通发达，你就多坐地铁公交；公共交通不发达，你可能就要多步行、多打车。

如果是在一个人眼睛正常的视野范围内，就比较适合"先分后总"的写作顺序。

在这里，我也给你举一个例子。

在名著《红楼梦》里，王熙凤出场，曹雪芹就是用"先分后总的顺序"介绍的。小说里写到王熙凤"头上戴着金丝八宝攒珠髻，绾着朝阳五凤挂珠钗；项上带着赤金盘螭璎珞圈；裙边系着豆绿宫绦，双衡比目玫瑰佩；身上穿着缕金百蝶穿花大红云缎窄裉袄，外罩五彩刻丝石青银鼠褂；下着翡翠撒花洋绉裙。一双丹凤三角眼，两弯柳叶吊梢眉，身量苗条，体格风骚，粉面含春威不露，丹唇未启笑先闻"。

我们观察一个人，可以从头打量到脚，从衣服打量到眉毛，各种细节都尽收眼底。然后，小说里通过贾母的口，给了王熙凤一个总结概括——"你不认得他。他是我们这里有名的一个泼皮破落户儿，南省俗谓作'辣子'，你只叫他'凤辣子'就是了"。

通过分开描写局部细节，再得出总的结论，王熙凤的人物形象，我们也了解得很清楚。珠宝首饰彰显了王熙凤的华丽、高调，"三角眼、吊梢眉"彰显了王熙凤的刻薄毒辣，爱大声说笑彰显了王熙凤的活泼生动，一个泼辣的贵妇形象，就塑造好了。

说明文，不仅仅是应用文，也是写作的基本功。写散文用得到说明介绍，写小说也常常用到说明介绍。

补充知识

《苏州园林》里的常见说明文运用手法

作比较
"苏州园林与北京的园林的不同，极少使用彩绘。"体现了苏州园林的淡雅养眼的风格，避免大红大绿、色彩鲜艳使人审美疲劳。

举例子
比如："池沼里养着金鱼或各色鲤鱼，夏秋季节荷花或睡莲开放"，游览者看'鱼戏莲叶间'，又是入画的一景。"

摹状貌
比如"没有修剪得像宝塔那样的松柏，没有阅兵式似的道旁树"，体现了苏州园林的花草树木具有清新的自然美，不规则，不对称。

分类别
"有些园林池沼宽敞，就把池沼作为全园的中心，其他景物配合着布置。水面假如成河道模样，往往安排桥梁。"

打比方
比如："有几个园里有古老的藤萝，盘曲嶙峋的枝干就是一幅好画。"

人文地理

　　我也像叶圣陶先生一样，很喜欢苏州园林，我去最具有代表性的苏州园林——拙政园、狮子林游玩过。当我真正去鉴赏游玩的时候，我眼前的风景，完全印证了叶圣陶先生的描写。的确，苏州园林最大的美，就在于不规则的小径、玲珑古怪的假山石头。飞檐白墙矗立，有的被柳树掩映，有的被爬山虎的翠绿覆盖。我拿着相机怎么拍，都很好看。还有几个小孩在假山堆里玩捉迷藏。在藤萝植物的隐蔽遮掩下，一下子就找不到人了。

　　苏州的酒酿饼、生煎是美味的小吃，苏州的评弹，咿咿呀呀，婉约悦耳，给人带来特别惬意的音乐享受。苏州的博物馆，是建筑大师贝聿铭设计的。我在当地晃悠的时候，专门挑了一个淡季的日子去参观，没想到馆内还是人山人海。这家博物馆名气实在太大。朋友还邀请我去金鸡湖旁边喝下午茶，夕阳下的湖光，美不胜收。

　　苏州对"风景如画"这一原则的贯彻，是体现在方方面面的。不仅那些风景名胜的园林如此，老巷和游船，也充满中国传统风情的韵味。

第二章

北国风光，分外妖娆

老舍：《北京的春节》

大师履历

老舍（1899年—1966年），原名舒庆春，字舍予，另有笔名絜青、鸿来、非我等。北京人，满族，祖籍辽宁辽阳。中国现代小说家、作家、语言大师、北京人艺编剧，新中国第一位获得"人民艺术家"称号的作家。他的代表作有小说《骆驼祥子》《四世同堂》，话剧《茶馆》《龙须沟》等。

课文赏析

这篇散文开头交代："按照北京的老规矩，春节差不多在腊月的初旬就开始了。……这是一年里最冷的时候。"

我们在读文章的时候，一定不能忽略了这句话"这是一年里最冷的时候"。

搞懂了中国人的春节，才能真正读懂这篇散文。那么，北京的老规矩从哪里来的呢？

我们中国人的节日，都反映了严谨的农业文明生产特点。按照适合的季节来耕种、收获和休息。北京的春节为什么要从腊月初旬开始？就是因为，北京这个地方的天气冷了，已经不适合劳动了，人们辛苦忙碌一年，该休养生息，满足自己的胃口，陪伴家人、孩子了。

老舍先生是怎么写春节的？他其实就是从人们生活中最常见的方

面入手的。逢年过节，对于老百姓来说，最关心的就是衣食住行、吃喝玩乐。春节这个节日，本来就是人们吃喝玩乐的享受时光。

所以你会发现，老舍写了吃，也必然从吃开始写起。

"在腊八那天，家家都熬腊八粥。……这种粥是用各种米，各种豆，与各种干果（杏仁、核桃仁、瓜子、荔枝肉、莲子、花生米、葡萄干、菱角米……）熬成的。这不是粥，而是小型的农业产品展览会。"

工业文明让我们有了繁荣的大都市，五光十色的生活方式。但农业却是所有人活下去、活得好的最基础条件。毕竟，民以食为天。

在这个小小的"农业产品展览会"上，我们间接感受到了稻谷的丰收、豆子的丰收、果子的丰收。

紧接着，腊八蒜出场了。这种食物的做法和用途是："把蒜瓣放到高醋里，封起来，为过年吃饺子用。到年底，蒜泡得色如翡翠，醋也有了些辣味，色味双美，使人忍不住要多吃几个饺子。在北京，过年时，家家吃饺子。"

可是呢，腊八粥、饺子、腊八蒜，这些都是大人们关心的主食和小菜。对于孩子们来说，"第一件事是买杂拌儿。这是用各种干果（花

生、胶枣、榛子、栗子等）与蜜饯掺和成的，……孩子们喜欢吃这些零七八碎儿，……他们的第二件事是买爆竹，特别是男孩子们。恐怕第三件事才是买玩意儿——风筝、空竹、口琴等——和年画"。

零食、鞭炮、玩具，才是孩子们最关心的三件大事。

到了除夕，做年菜、贴对联、贴年画、放鞭炮。在外面做事的人不管多忙，都要赶回家吃团圆饭。除了很小的孩子，都通宵不睡觉，都要守岁。

其实，这些春节的习俗，全中国都差不多，并不只是老北京才这样。除了南方人不怎么吃饺子，而是摆出许多碗年菜。

写了吃喝，就要写玩乐了。

在老舍笔下，老北京可供玩乐的东西很丰富，大人孩子都高兴。

"男人们在午前就出动，到亲戚家、朋友家去拜年。女人们在家中接待客人。城内城外有许多寺院开放，任人游览，小贩们在庙外摆摊儿，卖茶、食品和各种玩具。……孩子们特别热心去逛，为的是到城

外看看野景，可以骑毛驴，还能买到那些新年特有的玩具。白云观外的广场上有赛轿车赛马的，在老年间，据说还有赛骆驼的。"

最开心的还是小孩子，那些玩乐的项目，特别符合孩子们的天性，热热闹闹十分有趣。

一直玩到正月十五元宵节，把花灯也欣赏了，春节就差不多过完了。

这篇课文的写作素材不稀奇，是千千万万北京老百姓都在过的春节。写作手法也不稀奇，无非是介绍了春节最普通的吃喝玩乐，但是读来却有一种温馨的幸福感。原因就在于，作者老舍热爱生活，饱含深情。

老舍曾经担任过很多届的北京市人民代表。有一年，他的提案是：希望政府解决芝麻酱的供应问题。因为那一年北京的芝麻酱缺货了。老舍先生说，北京人夏天离不开芝麻酱。在他的关注下，当地部门积极解决问题。很快，北京人又吃上了香喷喷的麻酱面。

文学的魅力，根本上来自感情，而不是技巧。技巧只是方便我们更好地表达感情。

老舍在《想北平》这篇文章里写北京花多菜多果子多："我真爱北平。这个爱几乎是想说而说不出的。我爱我的母亲，怎样爱？我说不出。在我想做一件事讨她老人家喜欢的时候，我独自微微地笑着；在我想到她的健康而不放心的时候，我欲落泪。……好，不再说了吧，要落泪了，真想念北平呀！"

归根结底，老舍先生本人就是一个细腻的人，情感丰富的人。他爱吃零食，爱逛街，爱热闹，爱干净，爱打扮，爱家人孩子。所以他写的，其实就是他自己真实的生活。

📖 作家点拨

老舍先生写北京的春节，其实采用的是非常自然的叙述顺序。在传统习俗里，春节就是从腊八节开始的。他自然就从腊八粥开始写了。

这是最典型的时间顺序。整个时间线都非常清晰：腊八、腊月二十三（过小年）、除夕、元宵节。

然后你会发现老舍先生写北京的春节，侧重于写孩子们的感受。原因很简单，因为他可不是单纯介绍北京的风俗习惯，作家追求的可不是这个。他写的是散文，是抒发心里的感情。这篇散文里，渗透了老舍对童年的怀念，所以，他写到孩子们怎么过春节的时候，更加详细。

文学写作，一定是有主次之分的。哪些需要重点写，哪些只需略提一笔，全看作者的感情投放到哪里。素材的使用，并不是看民俗研究的意义，而是看作者本人的情感倾向。

进一步地，我们就可以理解，为什么有的素材，作者一笔带过，有的素材，使用了很多的形容词。

比如写到腊月二十三过小年："在前几天，街上就有好多卖麦芽糖与江米糖的，糖形或为长方块或为大小瓜形。"

老舍把糖的味道、形状、原材料都交代得明明白白。

但他写过年的菜，却只有一句"家家赶做年菜，到处是酒肉的香味"。年菜的原材料无非是肉、鸡、鱼、青菜、年糕。老舍都没有具体交代，而是一笔带过。

可想而知，麦芽糖与江米糖的滋味，一直留在他的记忆里，缠缠绵绵，悠久回味。因为那是每个小孩子都喜欢的甜。

一篇文章有主次，详略得当，才能突出重点，让读者把握住最关键的细节。

人文地理

北京是首都，是许多人心中的圣地。我第一次去北京是去参加《中国青年报》的笔会，那是在夏天，还没有机会体验北京的寒意。住在北京大学里的一位老同学，拉着我逛游了一圈。在距离未名湖不远的一个花坛边休息，那边有一片老学者们的故居。花坛旁边，五六只大白波斯猫懒洋洋地打瞌睡，完全不怕人。

第二次去则是在秋冬。北京的冬天特别冷。出版社的朋友请我吃涮羊肉，那是一个明清建筑风格的餐馆，垂着花团锦簇的红色门帘，我挑开帘子进去，全身的寒冷都被温暖驱散。我夹起嫩嫩的羊肉，数着秒数涮好，蘸着芝麻酱送入口中，那股子幸福感，的确浓郁得化不开了。

我常年在武汉生活，也吃热干面、芝麻酱，但对芝麻酱没有热爱。到了寒冷的北京，那一刻，我懂得了老舍先生和芝麻酱的故事，芝麻酱还是跟冬天最搭配。我也真正闻到了他笔下北京的春节的气味，那是一股子人间烟火气息。

老舍：《草原》

课文赏析

　　首先要说一说这篇文章的创作背景。1961 年的夏天，国家有关部门组织了作家、画家、歌唱家、舞蹈家等二十多位艺术家，到内蒙古参观访问。老舍就是这批艺术家之一。他把访问的经历写成了游记《内蒙风光》，分成七节依次介绍了内蒙古的新气象、新面貌。写牧区的那一节，小标题就是《草原》，也就是我们现在看到的这篇课文。

　　第一段对内蒙古草原的风景描写，看得出老舍在对照历史上的北朝民歌《敕勒歌》："天苍苍，野茫茫，风吹草低见牛羊。"古时候的草原，牛羊没有那么多，没有那么繁盛，草长得那么高大，牛羊都

被遮住了。

新中国成立后的内蒙古大草原，就不一样了。在无边的绿色当中，羊群很显眼。这表明当地的畜牧业很兴旺。骏马和大牛都静止不动，并不会惊慌逃开，可想而知，牛羊马，都习惯了牧民的放养。

老舍为我们描绘了壮观迷人的画面："在天底下，一碧千里，而并不茫茫。四面都有小丘，平地是绿的，小丘也是绿的。羊群一会儿上了小丘，一会儿又下来，走在哪里都像给无边的绿毯绣上了白色的大花。那些小丘的线条是那么柔美，就像只用绿色渲染，不用墨线勾勒的中国画那样，到处翠色欲流，轻轻流入云际。"

这么好的地方，人们又是如何生活的？

游牧民族的生活离不开河流，所以，当老舍"远远地望见了一条迂回的明如玻璃的带子"，就说明他快到牧民生活的地区了。

果不其然，在第二自然段里，很快当地牧区的主人们来迎接他们，

给他们引路，来到了居住区蒙古包。

通过这样面对面的相聚交流，老舍有了自己的感受。

在第三自然段，有了对文章主题的揭示："大家的语言不同，心可是一样。你说你的，我说我的，总的意思是民族团结互助。"

不同民族的人们，友好和睦地相处，这就是草原上的新气象。因为在新中国的大氛围里，大家追求的是民族团结互助。

在第四自然段，描写了这场相聚的具体细节。

"也不知怎的，就进了蒙古包。奶茶倒上了，奶豆腐摆上了，主客都盘腿坐下，谁都有礼貌，谁都又那么亲热，一点儿不拘束。不大会儿，好客的主人端进来大盘的手抓羊肉。干部向我们敬酒，七十岁的老翁向我们敬酒。我们回敬，主人再举杯，我们再回敬。"

赏析到这里，不得不佩服老舍先生的精确描写。宾客之间，又礼貌又亲热，写出了蒙古族朋友的热情好客，以及对远方来的贵客的尊重礼貌。这种不卑不亢的态度，恰恰是新中国的大环境内，各民族人民平等友爱的体现。

大家吃肉喝酒，频频举杯，让感情的交流更加深厚。再接着，少数民族的风俗特点也"登场"了——能歌善舞，动人心魄。

"这时候，鄂温克族姑娘们戴着尖尖的帽子，既大方，又稍有点儿羞涩，来给客人们唱民歌。我们同行的歌手也赶紧唱起来，歌声似乎比什么语言都更响亮，都更感人，不管唱的是什么，听者总会露出会心的微笑。"

深厚的感情，可以穿越语言文字的障碍。就算听不懂少数民族的歌曲，但老舍他们依然能够感受到人们的热情。

饭后的离别，老舍用古体诗的格式，写了两句话："蒙汉情深何忍别，天涯碧草话斜阳！"这样的收尾，显得含蓄典雅，余味无穷，可谓是曲终奏雅，这也是高手写文章的技巧。

作家点拨

在谈到创作语言时，老舍先生曾说写作"句句要打埋伏。这就是说：我要求自己用词造句都眼观六路，耳听八方，不单纯地、孤立地去用一字、造一句，而是力求前呼后应，血脉流通，字与字、句与句全挂上钩，如下棋之布子"。

他自己也是这样做的。以这篇《草原》为例，其中的很多句子，都在"打埋伏"。

开头第一段写了"在天底下，一碧千里，而并不茫茫"，这是对大草原的总体印象。

到了第二段，老舍他们去的是内蒙古自治区的陈巴尔虎旗，这只是内蒙古自治区的一个下辖旗，"汽车走了一百五十里，才到达目的地。一百五十里全是草原。再走一百五十里，也还是草原"。

内蒙古大草原有多么广阔，现在我们终于有了具体的感受。注意，这里用到了"反复"的修辞手法。

在叙述结构上，按照时间顺序交代了访问的全过程。

首先是一群客人开车来到草原上，老舍也在其中，目睹了美丽的风景。主人也走了几十里路来迎接，这显然看得出，主人是多么热情好客。"也不知道是谁的手，总是热乎乎地握着，握住不放。"

"总是"两个字，更加强调了牧民的热情。

其次是大家相聚在一起，喝酒、唱歌，吃羊肉和奶豆腐。这依然是盛情款待。

再次是主人们为客人表演民族歌舞、套马、摔跤。

最后太阳已经偏西，到了送别的时候，兄弟民族情深，彼此依依惜别。

可见，老舍对语言文字的运用，在其创作中有鲜明体现。写游记按时间顺序展开，更加清晰完整，

人文地理

在内蒙古自治区呼伦贝尔那儿的草原，我尝过当地的奶酒，可比我们平原地区的劲道。看起来云离地上的人特别近，仿佛触手可及。但你走近，却又发现其实距离很远。牧民们已经不像从前那样做饭，也用上了一些新式物品。风吹着马儿的皮毛，连人带马都特别英姿飒爽。我没敢骑马，只是看着。空气里都是绿草的味道。在辽阔的地方生活，人也会更加自由洒脱。

到了夜晚，月亮高悬在天上，硕大耀眼。内蒙古那儿海拔高，池

子挨着天。山峦下面还有人烟，人们用最美的事物来命名聚居地。扎兰屯市柴河镇有很美味的冷水鱼。这些鱼生长在柴河那么冷的河水里，是大自然恩赐给当地居民的礼物。深秋的树叶从林子里纷纷掉落，大山里的动物特别多。朋友跟我说，这里有七座天池、十五座火山，还有一道巨大的裂谷。这些辽阔壮观的风景，看过就再难忘怀。在我国广袤的土地上，有着不同的地理形态，各式各样的山川湖泽，亚热带、温带、热带都囊括其中。在不同地域生活的人，会有不同的地方特色。但中华民族海纳百川，虽然各有特色，但始终是一个大家庭。

老舍：《济南的冬天》

课文赏析

　　老舍先生的文风，有那种淡淡的优美和哀愁。别看他是个北方作家，却像南方文人一样温文尔雅，舒缓柔情。

　　他在《济南的冬天》开头，比较了北平（北京）、伦敦、济南的冬天。北京冬天刮大风，伦敦呢，阴沉沉的，没有阳光。唯独济南的冬天是响晴的，有着温暖的阳光，而且还没什么风。这是多么好的自然环境。

　　老舍先生不由得感叹："一个老城，有山有水，全在蓝天下很暖

和安适地睡着，只等春风来把他们唤醒，这是不是个理想的境界？"

济南，是一个得天独厚的福地，是最为理想的宜居之地。济南为什么会这样好呢？当然有原因。

你看，老舍在文章里还写"小山整把济南围了个圈儿，只有北边缺着点儿口儿。这一圈小山在冬天特别可爱，好像是把济南放在一个小摇篮里"。

原来，是因为济南四面环山，挡住了寒冷，所以没有刮大风。

那么大的一个城市，在老舍的笔下，被比喻成一个小婴儿了。这个小婴儿，享受着四周群山的呵护，这些山也不高不大，不是盛气凌人的大山，高耸入云，震慑人心。山小，就不会阻挡阳光，让济南享

受到温暖。

所以老舍如此形容这些小山："就是下小雪吧，济南是受不住大雪的，那些小山太秀气！"

济南的山，是一些秀气的小山。"他们全安静不动地低声地说：'你们放心吧，这儿准保暖和。'"

这得是多么温柔的人，才能从照顾婴孩的角度，来写一个城市。老舍自己，也像是这些秀气的山。

老舍写山中的风景，细致入微："山尖全白了，给蓝天镶上一道银边。山坡上有的地方雪厚点，有的地方草色还露着；这样，一道儿白，一道儿暗黄，给山们穿上一件带水纹的花衣；看着看着，这件花衣好像被风儿吹动，叫你希望看见一点儿更美的山的肌肤。等到快日落的时候，微黄的阳光斜射在山腰上，那点儿薄雪好像忽然害了羞，微微露出点儿粉色。"

厚点的雪给山穿上了花衣裳，薄雪也会害羞，这都是用的拟人表现手法。

山们是温柔的。

薄雪也是温柔的。

我很喜欢老舍的散文。我常常觉得，判断一个作家高明或者说不高明，就看他的语言运用，凡是那种刻意把语言运用得过于高深莫测，文绉绉的，基本上我觉得还不够好。

只有老舍这样的语言大师，才能做到文风极为生动，鲜活隽永，回味悠长，并且易读的程度。他的文章里，每一个字你都认得，绝不会觉得生僻。但读了他的散文，我会感觉心里很熨帖，很向往他描绘的地方。

只有作家把功夫先做了，读者才会读来无比舒服。

不过，最重要的是，心里要有温情，才能写出感动人的文章。

老舍写济南，心里柔情万千，所以山也懂得呵护，给城市以呵护。雪也懂得照顾，给山们以打扮。

我想，只有心中有柔情的人，才能写出《济南的冬天》。

作家点拨

《济南的冬天》是一篇抒情散文，但也是一篇非常优秀的说明文。

我们先来说说抒情散文的特点。老舍先生，用拟人的写作手法讲述了济南这个城市的特点，把原本没有生命的济南写活了。

什么是"拟人"呢？拟人，是把不是人类的事物，写成活人的样子，有人的感情、人的思想动作。不管是有生命的动物和植物，还是没有生命的物品，比如石头、花瓶、钟表，都可以拟人化。

我再来给你分析一下写作技巧。说明文最重要的就是介绍清楚事物。通过这篇散文，老舍先生也向我们介绍清楚了济南的山水风景。

说明文的叙述顺序有两种，一种是空间顺序，另一种是时间顺序。

在写山上的风景时，老舍先生是完全按照地理方位顺序来写的。山尖、山坡、山腰，各有不同的风景。

城里、城外，又是不同的风景。原文里他写道，"古老的济南，城内那么狭窄，城外又那么宽敞"。

最后，我还想提一下文章里的比喻。"山坡上卧着些小村庄，小村庄的房顶上卧着点儿雪，对，这是张小水墨画，也许是唐代的名手画的吧。"

我们常常说风景如画，这是对风景的最高评价。因为画是对风景的高度抽象概括。不过呢，画也有名家手笔和普通习作的差别。不同时代的名家，也有不同的气度和地位。

在老舍先生看来，济南的风景，是唐代名画家的手笔。简直是最高评价当中的最高评价。

这可不是随便说的比喻。要知道，唐代的水墨画，代表人物是吴道子、王维、郑虔等人，艺术风格高妙悠远，又空旷，又写意。用通俗的现代白话来说，水墨画本来就是追求神韵意境的艺术形式。

小山坡上卧着小村庄，小村庄的房顶上又卧着点雪。这是多么浑然天成、潇洒自如的气派，充分说明老舍先生对中国传统文化的深刻领悟。在绘画和写文章上，审美是相通的。

人文地理

去济南玩不能错过两个最好的地方。首先就是大名鼎鼎的大明湖。伴随着许多人长大的电视剧里的"大明湖畔的夏雨荷"，让人记忆犹新。它是许多泉水汇聚而成的，百鸟纷飞，湖中坐落着亭台楼阁，杨柳依依，

像一块静静的碧玉躺在城市的怀抱中。

大明湖景区分为老景区和新景区，整个景区共有十六景，漫步其中，就像是在水墨画中游赏一般。

十六景之一的"七桥风月"，其中的鹊华桥是历史悠久，而且较为有名的一座桥。老舍纪念馆便坐落在该景点中。除了老舍之外，大明湖作为济南这座历史名城的明珠，也曾与众多历史名人产生交集。唐宋八大家之一的曾巩，他在步入仕途之后第一次出任地方长官，便是在如今的济南。曾巩在任期间，在城北进行了水利建设，修建了北水门，自此之后济南"外内之水，禁障宣通，皆得其节，人无后虞，劳费以熄"，城北的水患问题从根本上得到了解决，直到现在北水门依然发挥着泄洪的作用。后人为了纪念曾巩的功绩，便在北水门旁修建了一座南丰祠，如今便坐落在大明湖景区的北边。

在大明湖的南岸，有一座青石到顶的小院落，那原本是清代遗留下来的一座民居，经考证为清代纪念晏子的晏公庙。晏子名晏婴，是春秋时期齐国重要的官员，他内辅国政，外捍国威，颇受《史记》作者司马迁的推崇。晏公庙的墙面布满了彩绘的壁画，讲述着晏子治理东阿、折冲樽俎、晏子使楚、二桃杀三士等历史典故。出了晏公庙往北行便可至十六景中的"稼轩悠韵"，它位于南门和西门之间。其中的稼轩园，原名稼轩祠，是为纪念爱国英雄辛弃疾而立，里面还有辛词碑廊、稼轩诗社等建筑，可以了解辛弃疾的人生经历，感受他的文学风骨。出了稼轩祠，便可坐景区内游船去湖中央的小岛，岛上有一座历下亭，亭子上方的红底金字匾额是由乾隆皇帝手书的，亭子东南侧的墙上刻有蒲松龄为该亭作的《古历亭赋》全文。这里便是十六景之一的"历下秋风"。

如今，始建于元代的超然楼也成了游览大明湖不容错过的景观，尤其是傍晚时分，灯光照亮楼体的一瞬，华灯初上、流光溢彩。此时置身楼下，闲暇地走在人群中间，更能体会独属于大明湖的神韵。

其次一定要去看一看趵突泉。

乾隆皇帝南巡时因趵突泉水泡茶味醇甘美，便御封趵突泉为"天下第一泉"。也是最早见于古代文献的济南名泉。趵突泉泉眼位于趵突泉公园内的泺源堂前。民国二十年（1931年）四周用石砌岸。几经变化，形成了现在的长方形泉池。

我特别爱喝茶，好茶需要上等的水泡。坐在石头栏杆上看着泉水涌出来，心情也会舒缓从容许多。熙熙攘攘的游人，围绕着趵突泉拍照，有的游人直接就以手掬水，尝起来。看那表情，泉水的滋味十分甘甜。这样的好水，取一瓶煮茶，感受会更加美妙。

"趵突"一名最早出现在曾巩的诗文中，他曾在这里写下七律《趵突泉》："一派遥从玉水分，暗来都洒历山尘。滋荣冬茹温常早，润泽春茶味更真。已觉路傍行似鉴，最怜沙际涌如轮。曾成齐鲁封疆会，况托娥英诧世人。"宋代女词人李清照也曾在趵突泉边居住，如今在景区内也有李清照纪念堂，就在漱玉泉北侧。她所著的文集便为《漱玉集》，如今在漱玉泉边诵读李清照的词作，也不失为千古对谈。

萧红：《火烧云》

大师履历

　　萧红（1911年—1942年），乳名荣华，学名张秀环，后改为张廼莹，生于黑龙江哈尔滨市，中国近现代女作家，被誉为"民国四大才女"之一、"30年代的文学洛神"。于1933年以悄吟为笔名发表第一篇小说《弃儿》。1935年，在鲁迅的支持下，发表成名作《生死场》。1936年，创作散文《孤独的生活》等。1940年创作中篇小说《马伯乐》、长篇小说《呼兰河传》等。

课文赏析

什么是火烧云呢？其实就是太阳升起或者太阳落下去的时候，出现的彩色云霞。这种云霞红色居多，就像是被火烧了一样。

文章一开篇就交代，吃了晚饭之后火烧云上来了，所以这是晚霞，也就是日落时分的火烧云。

这篇文章写了火烧云这种特别美丽的风景，但是，作者不仅仅是写风景，还写到了老人，写到了孩子，写到了各种各样的动物。

"霞光照得小孩子的脸红红的。大白狗变成红的了。红公鸡变成金的了。黑母鸡变成紫檀色的了。"

这是多彩可爱的画面。简直像是变魔术一样，把动物们的颜色改变了。

　　"喂猪的老头儿在墙根靠着，笑盈盈地看着他的两头小白猪变成小金猪了。他刚想说'你们也变了……'，旁边走来个乘凉的人对他说：'您老人家必要高寿，您老是金胡子了。'"

　　这是多么温馨祥和的生活细节，充满浓浓的人情味。人们说着祝福的话语，吃饱了饭，边乘凉边看火烧云，这是一天之中，最为恬静的休息时分。

　　当萧红用各种动物来描写火烧云的形态，我们也间接了解到了许多动物的特征。

　　比如她写到像马的云："一会儿，天空出现一匹马，马头向南，马尾向西。马是跪着的，像等人骑上它的背，它才站起来似的。"这其实也是在写她见过的马。她观察过别人骑马的样子。否则，萧红写不出这样的比喻的。通过这个细节，我们可以想象出云朵的变幻样子。

　　她继续写到了狗："忽然又来了一条大狗。那条狗十分凶猛，在向前跑，后边似乎还跟着好几条小狗。跑着跑着，小狗不知哪里去了，大狗也不见了。"

　　狗是一种喜欢成群结队的动物，服从于更加强大的动物。所以小狗会跟着大狗跑。通过这个细节描写，发挥想象力，我们就似乎看到了一团大的云朵，后面跟着几朵小小的云，然后它们又各自飘散了。

　　原文里还写道："接着又来了一头大狮子，跟庙门前的石头狮子一模一样，也那么大，也那样蹲着，很威武很镇静地蹲着。可是一转眼就变了，再也找不着了。"

　　你看，萧红如实交代了，她见过庙门前的石狮子。唯有见过并且还有一定了解的事物，我们才好拿来形容。

文学来自生活，也要回归到生活当中去。

天上的云彩千变万化，但太阳始终要彻底落下，进入黑夜。

这个时候，萧红的笔触，又带着淡淡的遗憾——"可是天空偏偏不等待那些爱好它的孩子。一会儿工夫，火烧云就下去了"。

细细品味这句带着抱怨的话，这其实是一个孩子向着天空撒娇的口吻。火烧云也是云彩的一种，云彩这种风景虽然很美，但往往比较短暂。从古到今，都有许多文学作品写云彩。比如唐代诗人白居易的诗句"大都好物不坚牢，彩云易散琉璃脆"。还比如唐代诗人李商隐写的："夕阳无限好，只是近黄昏。"

黄昏的云彩格外美丽，夕阳无限美好，但是，已经到了黄昏，很快就要消失了。

正是这一点遗憾惋惜，更加反衬出火烧云的珍贵，表达出作者的恋恋不舍。

作家点拨

第一，留意萧红的遣词造句，文章里出现了好几个叠词。

作家遣词造句，是选择最符合情景氛围的词语。同样的意思，不同的构词方式，传达出来的韵味有很大区别。

儿童最大的语言风格就是叠词多。当萧红怀着一颗童心，写下这些描绘火烧云的文字，也情不自禁用了许多叠词。

小孩子的脸"红红的"，天上的云从西边一直烧到东边，是"红彤彤的""金灿灿的"。喂猪的老头是"笑盈盈"的。

如果换成正常大人的口吻，小孩子的脸是红的，火烧云是红色的，金色的，就失去了童趣淳朴的感觉。

第二，留意萧红描写火烧云从出现到消散的全部过程，前后呼应。

从"晚饭过后，火烧云上来了"，再到"好像是天空着了火"，最后到"一会儿工夫，火烧云就下去了"。

这个过程里，萧红先写的火烧云照着大地上的人们和家畜，是从孩子的脸，老人的胡子，家里养的鸡、狗、猪写起的。然后才开始写天上火烧云的颜色和形状，最后呢，又回到了地面上，回到了孩子们观看火烧云时的津津有味，依依不舍。

这完全符合真实的生活经验。因为火烧云，身边的老人、孩子和动物有了跟平时不一样的颜色。孩子们正面盯着火烧云看，才会"脸红红的"。然后大家都去细细观赏天上的火烧云，其中也包括萧红自己。太阳始终要落山，火烧云渐渐消散，最后写孩子们的情绪和心理，前后呼应。

写景的顺序，其实符合生活习惯，自然而然。首尾呼应，最能表达出作者心中丰富的情感。萧红就是那些孩子中的一个，看着美丽的火烧云，她也恋恋不舍。

人文地理

大自然的美丽，常常就在日常生活之中。只要我们愿意去欣赏，就能看到。我们身边的湖泊、岛屿、山峦，处处都有好风景。就拿我身边的东湖来说，它是全中国最大的城中湖，相当于 6 个杭州西湖。

从"磨山揽翠"的牌坊入口，漫步进去，映入眼帘的是一种奇妙的青灰色，山峦和树林呈现出半透明质感，苍茫天地间截个图，就是一幅中国水墨画。我游荡一圈，穿过密集的水杉，看到一只孤独的母猫停下它优雅的脚步。它一身黑黄的斑块毛色，谨慎小心，嗅着落叶上的气息，寻觅到一处安稳妥帖的草丛。时而挠几下杉树根。

不远处的湖面，三两只野鸭子看到一切，转身避开，脚掌拨动，缓缓破开水影。嶙峋山石，翠绿到要滴出来，白色雾气弥漫，宛如仙境。

还有一次，我到南水北调的枢纽所在地——丹江口的一个湖中岛。去的时候是春天，野花烂漫。小岛上什么都没有，大家就转悠了一会儿，陆续回到了游艇上。我边走边东张西望，绕到了岛的背面，暖风变得阴凉，视线清晰起来，只看见水天一色。湖水慢悠悠地晃动，像一块巨大的透明的水晶。视野上下，一片澄澈蔚蓝，杳无人烟。波光流淌，我朝着那水走去，美得不像是人间。

靠近山水之美，需要你有一颗悠远的心。

萧红：《祖父的园子》

课文赏析

这个散文不叫"我的园子"，而是叫"祖父的园子"，说明它的重点其实放在了祖父上面。

在作者萧红的家里，有个大花园。这个大花园里面有各色各样的昆虫。光是蝴蝶就有白色的、黄色的、红色的。其中大红蝴蝶是最好看的，浑身还带着金粉。蜻蜓是金色的，蚂蚱是绿色的。蜜蜂一身的绒毛，当蜜蜂采花的时候，落在花上的样子是胖乎乎、圆滚滚的，在作者的眼里蜜蜂就像一个小毛球。

这么鲜艳漂亮的花园，从前是一个果园。在萧红有记忆的时候，园子就只有樱桃树和李子树，但是都不大结果，所以没有什么存在感。

在这个园子里面，榆树的存在感最强。萧红用了一连串描写，来描绘榆树的种种表现。

"来了风，榆树先呼叫，来了雨，榆树先冒烟。太阳一出来，榆树的叶子就发光了，它们闪烁得和沙滩上的蚌壳一样。"

从榆树发光开始，你要注意了，这篇散文的基调开始冒出来。这个漂亮的、多彩的园子，有着明亮的主基调。

紧接着，散文里写道："祖父整天都在园子里，我也跟着他在里面转。祖父戴一顶大草帽，我戴一顶小草帽；祖父栽花，我就栽花；祖父拔草，我就拔草。祖父种小白菜的时候，我就跟在后边，用脚把那下了种的土窝一个一个地溜平。哪里会溜得准，不过是东一脚西一脚地瞎闹。有时不但没有把菜种盖上，反而把它踢飞了。"

在阅读这样的回忆散文的时候，一定要注意细枝末节。"整天"这个词，就表明了真正照料这个园子的人，就是萧红的祖父。童年的萧红，跟着祖父在园子里转悠。

这又说明了一件事，祖父不仅仅照料着这个园子，还照料着萧红这个小孙女。在任何时代，大人们都是一边忙着生活，一边照顾着孩子。

然后你心中可能会有一个疑问，为什么是祖父在长期照料小孙女呢？萧红的父母呢？

原来，萧红的母亲在萧红很小的时候就去世了。幼年丧母的萧红，本来应该依靠父亲。可是，她的父亲是个冷漠无情的人，再婚之后就不在乎这个前妻的孩子了。

就这样，萧红跟着祖父生活。这个园子里的一切，都是祖父带给萧红的美好童年。

是祖父的爱，让萧红有了这些温馨的童年经历。

这是一个任凭萧红胡闹的祖父，这也是一个自由宽松的祖父。比如散文里写着：

"祖父把我叫过去，慢慢讲给我听，说谷子是有芒针的，狗尾草却没有，只是毛嘟嘟的，很像狗尾巴。

"我并不细看，不过马马虎虎承认下来就是了。一抬头，看见一个黄瓜长大了，我跑过去摘下来，吃黄瓜去了。黄瓜还没有吃完，我又看见一只大蜻蜓从旁边飞过，于是丢下黄瓜又去追蜻蜓了。蜻蜓飞得那么快，哪里会追得上？好在一开始也没有存心一定要追上，跟着蜻蜓跑了几步就又去做别的了。采一朵倭瓜花，捉一个绿蚂蚱，把蚂蚱腿用线绑上，绑了一会儿，线头上只拴着一条腿，而不见蚂蚱了。

"玩腻了，我又跑到祖父那里乱闹一阵。祖父浇菜，我也过来浇，但不是往菜上浇，而是拿着水瓢，拼尽了力气，把水往天空一扬，大喊着：'下雨啰！下雨啰！'"

在散文里，萧红还写着：

"太阳在园子里是特别大的，天空是特别高的。太阳光芒四射，亮得使人睁不开眼睛，亮得蚯蚓不敢钻出地面来，蝙蝠不敢从黑暗的地方飞出来。凡是在太阳下的，都是健康的、漂亮的。拍一拍手，仿佛大树都会发出声响；叫一两声，好像站在对面的土墙都会回答似的。"

当你读这篇散文的时候，不妨细细琢磨一番。如果没有祖父的爱，对于这个园子，童年的萧红又会留下什么样的回忆？还会有那么明亮的太阳吗？还会有阳光照耀下的"健康漂亮"吗？还会有发光的榆树吗？

其实，世间万物，都是因为有人的感情，才会闪烁发光，变得可爱起来。如果没有这份浓浓的祖孙情，这园子也不过是像大多数园子那样，并不稀奇特别。难道别的园子里就没有多彩的昆虫和蔬菜吗？

萧红的童年，是寂寞的，否则，她也不会拍手聆听大树的声响，叫一两声，想象着土墙的回音。只有孤独寂寞的孩子，才会注意到这样的细节。但是，祖父的爱，弥补了萧红的孤寂。

有祖父的园子，在萧红的生命中，闪闪发光，一草一木，都附带着满满的宠爱。在园子里，幼年的萧红无拘无束地玩耍，她的儿童天性得到了尽情的释放。

为什么萧红会有这样温暖生动的感受？因为她在园子里，是被宠爱的，是忘却烦忧的，是自由自在的，没有人逼迫她做不喜欢的事，没有严厉的管教。所以她才感觉"一切都活了，要做什么，就做什么。要怎么样，就怎么样，都是自由的"。

我尤其喜欢这段描写："倭瓜愿意爬上架就爬上架，愿意爬上房就爬上房。黄瓜愿意开一朵花，就开一朵花，愿意结一个瓜，就结一个瓜。若都不愿意，就是一个瓜也不结，一朵花也不开，也没有人问它。玉米愿意长多高就长多高，它若愿意长上天去，也没有人管。"

萧红写出了祖父的包容，也写出了老年人的特点，老年人一生经历丰富，阅尽沧桑，更加懂得人生的苦难，再加上晚年衰老，精力减少，往往在处理生活琐事和教育孩子上，都更加自由宽松，这对孩子来说，反而是一件好事情。院子里的倭瓜、黄瓜、玉米，都舒展着野性，随意生长。其实，对于小孩子来说，多一点野性锻炼，反而会长得高高壮壮，更加饱满。

作家点拨

萧红的这篇散文是一篇非常典范的学习样板，运用了"借景抒情"的手法。好的文章，一定不是空洞地描写景物。所有的景物描写，都要服务于情感表达。在景物描写的背后，是写人。

就像散文里的园子，是谁在耕地除草，是谁在里面种小白菜，种玉米？是谁在里面带孩子，教导孩子辨认狗尾巴草和稻谷？

答案非常明确，就是萧红的祖父。

一切景物描写，都必须表现人的思想、情感、行为、动作。

比如这里的排比："花开了，就像睡醒了似的。鸟飞了，就像在天上逛似的。虫子叫了，就像在说话似的。"

是谁看到了花儿像刚刚睡醒？是谁目睹鸟儿飞在天空，像是在闲逛？是谁听到虫子在说话？拟人、比喻、排比，都服务于内心情感的表达。看到这些的，是活生生的人，是萧红。

这段描写是以孩童的视角观察，体现了日常生活经验。其实我们在写作中，也可以遵循这样的观察规律：鸟是远处天上的，花是近处地上的，虫子叫则是耳畔传来的声音。

所有的描写，最先一定是眼睛看到的和耳朵听到的。

最后，萧红在写自己的祖父时，始终突出了祖父最重要的表情——笑。

"我认不得哪个是苗，哪个是草，往往把韭菜当作野草割掉，把狗尾草当作谷穗留着。

"祖父发现我铲的那块地还留着一片狗尾草，就问我：'这是

什么？'

　　"我说：'谷子。'

　　"祖父大笑起来，笑够了，把草拔下来，问我：'你每天吃的就是这个吗？'

　　"我说：'是的。'

　　"我看祖父还在笑，就说：'你不信，我到屋里拿来给你看。'

　　我跑到屋里拿了一个谷穗，远远地抛给祖父，说：'这不是一样的吗？'

　　"祖父把我叫过去，慢慢讲给我听，说谷子是有芒针的，狗尾草却没有，只是毛嘟嘟的，很像狗尾巴。"

　　祖父从"大笑"，到"笑够了"，再到"还在笑"，全文中贯穿了快乐与自由，这也体现了作者对祖父的思念，对园子的念念不忘。在祖父眼里，小孙女是那么的天真调皮可爱，在小孙女的回忆里，祖父是那么的和蔼包容与喜悦。

　　写人物不必面面俱到，抓住一个最有趣的细节、最突出的表情、最典型的动作，就足够刻画出人物的神韵。

人文地理

　　萧红的家在东北，她是黑龙江省哈尔滨人，那里的冬季特别漫长，小时候对于寒冬的记忆，让萧红在写《呼兰河传》时对寒冷的描写格外真切。我很喜欢她的文字，所以，当我第一次去哈尔滨的时候，就去了呼兰区，缅怀这位文学前辈。那一次，我是去当地最著名的高等学府哈尔滨工业大学做文学讲座。东北的冬天是那么的冷，差不多零下三四十度，我每呼吸一口，我的肺都在拼命抵御寒气。大街上，到处都是银装素裹。在路灯下，细看房子和栏杆，都泛着光芒。盐粉一般的白雪不再飘落，我沿着冰河边的人行道散步，居然瞧见三三两两市民在冰面漫步，真是胆大。

　　我顺手一拍，就是一幅黑白剪影。我裹着厚厚的羊毛围巾，依然觉得冷到骨子里。我想，正是这样冷峻的地理风格渗透到萧红的小说里，令她的小说也带着几分冷峻。当地的老人跟我说，最好是春天、夏天来哈尔滨，就很舒服惬意了。

　　我去了闻名已久的圣索菲亚大教堂，那是俄罗斯风格的建筑，值得一看。哈尔滨这座中国城市和俄罗斯距离特别近，所以才有了充满异域风情的红菜汤和香肠，去中央大街的西餐厅吃过，也就不好奇了。一方水土养一方人，对于作家来说，笔下的文学也受到当地气候的影响。

第三章

草木听虫鸟，四时皆有情

巴金： 《海上日出》

大师履历

　　巴金（1904年—2005年），本名李尧棠，字芾甘，笔名巴金。代表作品《家》《寒夜》《随想录》。曾当选为第六至十届全国政协副主席。2003年11月，被国务院授予"人民作家"荣誉称号。

课文赏析

　　读着巴金的这篇散文，让我想起了唐代诗人李贺的诗歌："我有迷魂招不得，雄鸡一声天下白。少年心事当拿云，谁念幽寒坐呜呃。"

　　从文学技巧上说，这篇文章并不复杂，却有着强烈的感染力。巴金把太阳当成一个小孩子来写。他把日出的过程，写成了一个婴孩诞生的过程。天空就像是太阳的母亲，孩子出生的时候会有一些预兆，同样的，太阳升起的时候也要有预兆，那就是浅蓝色的天空出现了一道红霞。紧接着太阳的小半边脸冒出来了。这就像是小孩子的脑袋露出来了。刚出生的太阳，颜色虽然很红，却没有亮光。

　　太阳非常努力，非常艰难地冲破了云霞。最后用万丈光芒照耀着整个世界，充满了不可挡的气势。

从这些描写中，我们能够感受到澎湃的激情，感受到新生事物诞生的时刻，虽然过程艰难险阻，最后还是走向辉煌灿烂，迎接着无限光明。

这就是文学的魅力。其实日出是一个非常平凡的事情。但如果你的内心充满了热情，你就能欣赏到日出的壮观。

想要真正读懂这篇散文，我们必须联系作者创作的背景。那是在1927年，年轻的巴金登上了邮轮，从上海出发，他的目的地是法国。在那里等着他的，是留学巴黎的机会。他要锻炼自己，学成归国。当时的旧中国，积贫积弱，备受欺凌，巴金渴望去先进发达的国家，找到一条救人，救世，也救自己的路。

那个时候的巴金刚刚 23 岁。他踌躇满志，满怀憧憬。一个有志青年，到海外留学，这是多么让人激动自豪的一件事。巴金就属于那个时代的优秀青年。

青春最美好的地方就在于，未来充满无限可能。这才有了巴金在海上常常早起看日出的习惯。

如果你想写青春斗志，就不能直接写青春斗志，你要写海上升起的太阳。

曾经有一个比喻，把年轻人比作早上八九点钟的太阳。这跟巴金的描写，有着异曲同工之妙。

初升的太阳具有无比热烈强大的能量，但会遇到最强大的对手，那就是乌云。

天边的黑云，一旦非常厚重，就会遮住太阳。哪怕太阳已经出来了，人们的眼睛还是看不到。

这段描写，有着鲜明的寓意。小到个人，大到国家，都是一样的。当你还没有战胜黑暗势力之前，人们看不见你的灿烂光辉。

不要紧，你可以通过自己的努力，打破黑云的笼罩。就像太阳一样，先是给黑云镶上发光的金边，然后慢慢地冲出重围，出现在天空中。最后战胜黑云，甚至反过来影响黑云，改变黑云，把黑云染成了紫色或者红色。从此之后，太阳、云和海水，还有你自己都成了光亮的了。

通过描写海上日出，巴金其实完成了一场宏大的

自我拯救。巴金目睹了太阳战胜黑云的过程，鼓舞了自己。

而这样的目睹，不是一次两次，而是常常。

因此，这篇文章鼓舞着一代一代的年轻人，勇敢成为太阳，突破黑云，改变黑云，照亮世界。

作家点拨

表面上看这是一篇记录海上日出的文章，实际上描写的却是巴金的青春热情。巴金在文章中所运用的写作手法，就是我们中国最传统的技巧——寄情于景、情景交融。

在这里，巴金用拟人手法，把浓烈的感情寄托在了太阳身上："太阳好像负着重荷似的一步一步，慢慢地努力上升，到了最后，终于冲破了云霞，完全跳出了海面，颜色红得非常可爱。"

"有时天边有黑云，而且云片很厚。太阳出来，人眼还看不见。然而太阳在黑云里放射的光芒，透过黑云的重围，替黑云镶了一道发光的金边。后来太阳才慢慢地冲出重围，出现在天空，甚至把黑云也染成了紫色或者红色。这时候发亮的不仅是太阳、云和海水，连我自己也成了光亮的了。"

作者的感情和太阳升起的璀璨，融为一体。

文章末尾那一句反问："这不是很伟大的奇观吗？"

从文学寓意的角度来说，巴金描写的太阳，象征着他自己，以及和他一样留学救国的年轻中国人。他们向往光明，积极进取，他们奋发图强，突破沉重的束缚和阻碍。

人文地理

在海上看日出，不同于在平原上或者在山上。海水和太阳交相辉映，那份无限明亮的感觉，是无可取代的。

我在不同地方的海边看过日出，我记得在中国最南边的三亚海岛上，渺渺茫茫的天际线，视野开阔，暖风吹拂到我脸上，晴空万里，灿烂的阳光笼罩着我，我的四肢舒展开，忍不住去拥抱这风、这阳光。

要知道，强烈的光线，令人的多巴胺和血清素水平提高，本身就能驱散人的烦忧，鼓舞人的精神。这种与天空、大海融为一体的体验，对于一个人的生命来说，很有意义。天高海阔的风景，最能陶冶心灵，让我们放下平凡渺小的执着，从个人的小世界跳脱出来，走向波澜壮阔的世界。

冰心：《肥皂泡》

大师履历

冰心（1900 年－1999 年），原名谢婉莹，福建长乐人，中国民主促进会成员、诗人、现代作家、翻译家、社会活动家，被称为"世纪老人"。

1919 年 8 月，冰心在《晨报》上发表了第一篇散文《二十一日听审的感想》，9 月，发表了第一篇小说《两个家庭》。1923 年，陆续发表总名为《寄小读者》的通讯散文，成为中国儿童文学的奠基之作。1946 年，在日本被东京大学聘为第一位外籍女讲师。

课文赏析

在中国的五四运动期间，有一批年轻的作家崭露头角。在他们当中，女作家冰心显得尤为特别。

首先我想告诉你，冰心是中国现代文学大师，也是最重要的儿童文学作家之一，赢得了一代代孩子们的喜爱。

冰心生于 1900 年，她在 1923 年以优异的成绩获得了美国威尔斯利女子大学的奖学金。于是她坐船出发，赴美留学。

冰心成长于一个充满温情的富裕家庭中，童年时期的冰心，在福建、烟台和北京这三个地方，都住过一段时间。她的父亲是烟台海军军官，特别疼爱这个女儿，带她骑马、读书。因为父亲的工作时常变动，冰心也跟着他迁移居住。

冰心很喜欢小孩子，倡导"爱的哲学"，她想要用爱来改造人性，唤醒人性。在她的作品中，最为突出的爱就是母爱，最赞美的就是一颗童心。就像她在另外的一部代表作《寄小读者》里说的："我从前也曾是一个小孩子，现在还有时仍是一个小孩子。为着要保守这一点天真直到我转入另一世界时为止，我恳切的希望你们帮助我，提携我，我自己也要永远勉励着，做你们的一个最热情最忠实的朋友！"

《肥皂泡》这篇小短文并不复杂深奥，基本上每一个孩子都能看懂，讲述的也正是孩子们喜欢的游戏——吹泡泡。

冰心从两个方面描写了美丽的童心。

第一个方面是，在小孩子的心里，玩是一件天经地义的事情。小孩子不像成年人，玩耍时会受到道德的束缚。

原文里写道："方法是把用剩的碎肥皂放在一只小木碗里，加上点儿水，和弄和弄，使它溶化，然后用一支竹笔套管，蘸上那黏稠的肥皂水，慢慢地吹起，吹成一个轻圆的网球大小的泡儿，再轻轻地一提，那轻圆的球儿便从管上落了下来，软悠悠地在空中飘游。若用扇子在下面轻轻地扇送，有时能飞得很高很高。"

小孩子吹泡泡，又扇着肥皂泡，让肥皂泡飞得很高，这样的行为，是否创造了丰厚的商业价值？答案肯定是"没有"。但这样的快乐，却揭示了生命的本质，童年就应该是快乐的、在玩耍中度过的。在玩乐中长大的孩子，更加能够体会什么是幸福。

衡量幸福童年的标准，不是金钱物质，而是自由快乐。冰心在创作这篇散文的时候，运用了她常常使用的诗意抒情的文风。

原文写道："借着扇子的轻风，把她们一个个送上天去送过海去。到天上，轻轻地挨着明月，渡过天河跟着夕阳西去。或者轻悠悠地飘过大海，飞越山巅，又低低地落下，落到一个熟睡中的婴儿的头发上……"

在冰心的描述里，她对待这些肥皂泡，像是对小孩子一样。要扇着清风，把它们送到天河上。

第二个方面，冰心在散文里，给予了读者哲理思考。

在末尾，情感的基调转向了凝重，"廊子是我们现实的世界，这些使我快乐、骄

傲、希望的光球，永远没有出过我们仄长的廊子，都一个个在廊外的雨丝风片中消失了。"

虽然肥皂泡那么美丽轻盈，却很脆弱，经不起风雨的锤炼，连一个廊子都冲不出去。小孩子的童年快乐固然珍贵，但孩子终归是要长大的，要去面对广阔世界的风风雨雨。冰心的文章里透露出这样的意味：向往远方，走出狭小的廊子。在她的"爱的哲学"里，不仅仅有五彩斑斓的希望和梦想，还需要勇气和力量去实现希望和梦想，去面对人生的考验。

正如冰心自己写过的话："爱在右，同情在左，走在生命路的两旁，随时撒种，随时开花，将这一径长途，点缀得香花弥漫，使穿枝拂叶的行人，踏着荆棘，不觉得痛苦，有泪可落，也不是悲凉。"

她文章里的爱与同情，永远散发魅力，就算是有泪，也并不颓废。她温暖我们的心灵。我认为，这就是国民奶奶的魅力来源。

作家点拨

冰心的语言技巧，既体现了古典文学的含蓄精练，又结合了现代白话文的通俗易懂。

"轻清透明""玲珑娇软""雨丝风片"，这都是带点古文色彩，又符合现代白话文特点的组合词语。

"软悠悠""颤巍巍"，是符合孩童口吻的表达。

"送上天去送过海去""挨着明月，渡过天河""飘过大海，飞越山巅"，这些短句，带着比较整齐的韵律，朗朗上口。

冰心是在1936年写的这篇散文，那时中国的白话文运动发展了十几年，有一个新旧融合的过程。可以说，冰心的语言文字，融合了古今中外的技巧，体现了她留学生的知识背景和运用传统中国文法的造诣。

其实文言文和白话文，并不是完全对立的。许多精练的文言文词语，构成了白话文的重要部分。

人文地理

根据课文，下雨的时节，冰心不能到山上、海边去玩，那么她写的吹肥皂泡的故事，多半是发生在福州或者烟台了，冰心居住过的地方中，只有这两个地方才有海。北京是没有海的。

其实不论是在福建福州，还是在山东烟台，对于一个小孩子来说，玩是最重要的事，吹泡泡是难以磨灭的快乐记忆。靠海的地方，总给人更加辽阔广博的感觉。冰心居住的地方，比如福州的故居，就是典型的中式民宅，有院落，有水井，有楼房，有花园。和北方的四合院非常像。对于小孩子来说，这一方天地，就是一个小小的乐园。

现在的烟台冰心纪念馆，在烟台山景区内，冰心3岁时随父亲迁居到了烟台，在烟台住了8年，留下许多玩耍的记忆。吹泡泡的游戏，很可能就是在这里进行的。她把这儿视为自己的另一个故乡。纪念馆的一侧，在一片绿色灌木丛中，有一座冰心坐着的塑像。她带着慈祥的微笑，永远是中国孩子心目中最和蔼的冰心奶奶。

郭沫若：《白鹭》

大师履历

郭沫若（1892 年—1978 年），原名郭开贞，号尚武，乳名文豹。曾任政务院副总理、文化教育委员会主任、中国科学院院长、中国科学技术大学校长。当选第一、二、三届中国文联主席。中国现代作家、历史学家、考古学家、政治家。代表作：历史剧《虎符》《蔡文姬》，论著《李白与杜甫》等。

课文赏析

要想真正读懂郭沫若这篇《白鹭》，你要从中国文人的审美角度去理解。

郭沫若出生于新旧社会交替的年代，因此他的审美既有旧学的成分，又有新式教育的特点。

中国的旧学，体现在对于花鸟虫鱼，有着一整套的欣赏规范。比如欣赏花草树木，就推崇号称"花中四君子"的"梅兰竹菊"。

同样的，欣赏鸟类也不例外。郭沫若把白鹭拿来和白鹤作比较，是因为鹤在我们中国传统文化里面，是高洁隐士的象征。

比如说我们批评一个人破坏风雅，会说他煮鹤焚琴，把美丽优雅、仙气飘飘的鹤给煮了吃，把象征高尚情操、悠远淡泊的古琴当柴火烧，寓意糟蹋了美好的事物，毁掉了雅致文明。

千百年来，中国古代高雅之士的生活美学是种柳树，养几只鹤，弹古琴。

既然鹤是这么高雅的鸟类，那么与其形象很相似，体型又更加小巧玲珑的白鹭，当然更加精致清雅了。

这就是郭沫若用鹤来作比较的用意。理解了这样的基础文学底蕴，我们再接着看下去。

郭沫若开始描写白鹭的外形："那雪白的蓑毛，那全身的流线型结构，那铁色的长喙，那青色的脚。"在这里，他化用了一个典故："增之一分则嫌长，减之一分则嫌短，素之一忽则嫌白，黛之一忽则嫌黑。"

这几句话，出自先秦宋玉的文章《登徒子好色赋》。意思是说，一个美丽的人，增长一分就会让人觉得太长了，减短一分就会让人觉得太短了，涂白点就会让人觉得太白，涂黑一点就会让人觉得太黑。

在郭沫若看来，白鹭的美丽，恰到好处，不多不少。

从这一条引经据典的例子，更加能够看出郭沫若的传统文化积累。再次证明了我所说的，他是以一个中国传统文人的审美在欣赏白鹭。

再接下来，他描写了白鹭在清水田里的姿态，以及倒影。

从色彩上来看，镜子一样澄澈的清水田，搭配着白鹭，都是冷色调，凸显出清新淡雅的美感。

原文写道："晴天的清晨，每每看见它孤独地站立于小树的绝顶，看来像是不安稳，而它却很悠然。这是别的鸟很难表现的一种嗜好。人们说它是在望哨，可它真是在望哨吗？"

孤独地站在树顶，悠然的神态，这些形容描述，如果把白鹭换成一位隐士高人，同样也很适合。

郭沫若尤其强调，这是别的鸟很难表现的一种嗜好，一种行为。人们说这是在望哨，郭沫若对这一点表示质疑。如果从鸟类行为的科学角度来说，白鹭可能在望哨，也可能在闲逛。但郭沫若这句话的言外之意，应该从文化角度来思考。显然他想表达的是，白鹭与众不同，和别的鸟不一样，"绝世而独立"，具有悠然自得、超凡脱俗的境界。

归根结底，这还是托物言志。表面上是在写白鹭，写自己对白鹭的欣赏与喜爱，实际上是用白鹭来抒发自己的气节情操，用白鹭来比喻自己，自己与其他世俗的普通文人不一样，有着更加高远的境界。

原文结尾写道："白鹭实在是一首诗，一首韵在骨子里的散文诗。"诗意的高洁，正是历代中国文人所追求的崇高精神境界。

作家点拨

首先，我们要搞懂什么叫散文诗，简单概括，它有诗的情绪和想象，像诗那样精练，但又不分行、不押韵。郭沫若说白鹭是"一首诗"，"一首韵在骨子里的散文诗"，就是指白鹭这种鸟，同时具有诗的精练和散文的抒情。

写白鹭的外貌、姿态、颜色和动作，这都是在描写细节，属于散文的状物。写白鹭的悠然自得，耐得住寂寞孤独，这是在抒情，表达知识分子的操守情怀。

写清水田如同玻璃框里的画，如同镜匣，写黄昏的空中偶见白鹭的低飞，特别富有诗意。仿佛是从古诗词里还原出来的情景。

其次，好的散文、好的诗，都有鲜明的画面感。风景如画，白鹭如诗，风景里的白鹭，自然就如诗如画。我们在这篇文章里可以看到关于白鹭的三幅精美清雅的画。

它们分别是：水田捉鱼、树顶孤立、黄昏低飞。

而这三幅画，又是整个自然风景的局部。合并起来，构成了茫茫天地之间，记录白鹭绝美动态的图画。

文章虽然很短，却涵盖了白鹭的外观、捕食、栖息和飞翔的方方面面。还使用了中国传统文化的审美技巧，将白鹭与白鹤、朱鹭相比较，与别的鸟相比较。

郭沫若两次把白鹭和别的鸟相比较，都是为了突出白鹭的文化象征意义，突出其优雅的品质。

最后，郭沫若写白鹭不完全是赞美。白鹭各方面都雅到极致，符合文人审美，但偏偏不会唱歌，美中不足。虽然白鹭不会唱歌，但"天地有大美而不言"，这种缺憾，这种留白，更加给人回味的余地，让人把白鹭想象成优美的诗歌。

人文地理

在中国的内陆和大部分沿海地区，比如湖北、江苏、浙江、福建、海南……都有白鹭的踪迹。它们栖息在当地的树林、湖泊和沼泽，惬意地生活着。有一年我在安徽金寨旅行，当地有一座梅山水库。我就住在山脚下，远眺水库大坝。青山之下，绿水如镜，三三两两的白鹭在水边起落，吃一点小鱼小虾或螺蛳，然后骤然起飞，伴着清风，向着远处而去。水里的白鹭影子和天上的白鹭，同步飞行，最后汇合在一起。眼前的这一幕，完全是中国水墨画。

　　自从杜甫写下了"一行白鹭上青天"，这种鸟就携带着诗意，成为人们欣赏的对象。人们不会去打扰白鹭，任凭它们成为风景里的主角。在湖北的黄石，还有两句有名的诗："西塞山前白鹭飞，桃花流水鳜鱼肥。"白鹭对环境要求高，喜欢干净的山水。有好山好水，当然也出美味的鱼，所以白鹭生活在比较富足的世外桃源。在我看来，白鹭有一种超然物外的优雅，也可以称之为不问世事的美丽。

汪曾祺：《昆虫备忘录》

大师履历

汪曾祺（1920年—1997年），出生于江苏高邮，毕业于西南联合大学，当代作家、散文家、戏剧家，京派作家的代表人物，被誉为"抒情的人道主义者，中国最后一个纯粹的文人，中国最后一个士大夫"。代表作：《晚饭花集》《端午的鸭蛋》等。

课文赏析

所谓"备忘录"，准确地说，不是完整的文章，而是作家平时积累的写作素材。

老一辈名作家汪曾祺，在备忘录中记录了他在生活中对昆虫的一些观察和看法。汪曾祺是杰出的短篇小说家和散文家，他特别擅长写小故事、小细节。

读者们常常很好奇，作家们是怎么写出生动有趣的文章的？这篇备忘录就给出了答案。

在形成正式的文章之前，作家需要收集积累素材。这种小素材太过于零碎，如果平时不记录下来，就很容易忘记了。

什么样的素材值得记录呢？我告诉大家，有两个标准。

先说第一个标准：记录万事万物有趣的特点。

备忘录的开篇，就提到昆虫的复眼。大多数的动物有两只眼睛，

包括人类在内。可是昆虫却有许多只眼睛。

这就显得与众不同了。

蜻蜓、苍蝇都是复眼，那么许多小眼睛怎么看清楚东西呢？这种疑问，能激起人的好奇心，使人想要进一步去探索科学的答案。这就是值得记录下来的素材。

然后汪曾祺写到了"花大姐"，这是瓢虫的俗称。北京人把瓢虫叫作"花大姐"。这种昆虫的特点是它的背上有许多小圆点。不同小圆点的瓢虫，有着不同的口味。有的瓢虫爱吃蚜虫，是益虫。有的瓢虫吃马铃薯的嫩叶子，那它就是害虫。

还有独角仙，通过汪曾祺的讲述，我们知道了，它是一种甲虫，它的特点是力气大。

最后写到的是蚂蚱。其中尖头绿蚂蚱，也有一个绰号，被河北人叫作"挂大扁儿"。蚂蚱的特点是飞起来咯咯作响，不知道是怎么弄出来声音的。这又是一个疑问，激发人的好奇心。还有种土蚂蚱，会吐口水。

这么全部看下来，你会发现汪曾祺的记录多么新鲜有趣。全都是让人产生好奇心的昆虫特点。正因为有了好奇心，我们才会去探求答案。这些都是非常好的写作素材。

第二个标准是，记录事物，要有自己独特的看法。

在汪曾祺的笔下，并不是单纯记录昆虫的特点，还记录了自己的态度想法。

作家有一个共识，文学即人学，文学作品中描写的万事万物，都是为了表达人的情感和趣味。

汪曾祺记录的这些昆虫也不例外。

谈到蜻蜓、苍蝇的复眼，汪曾祺展开了想象，如果人也长了复眼呢……那多么怪异，还是不要长。这就叫作由此及彼，从昆虫联想到人。

谈到瓢虫的时候，汪曾祺表明了自己的态度，他支持益虫，讨厌害虫。所以他希望那些吃马铃薯嫩叶的瓢虫改改口味，去吃蚜虫。希望害虫改邪归正，这就是人类的思想价值观。马铃薯和蚜虫是不会有这样的想法的。

谈到独角仙的时候，汪曾祺想起来，北京的隆福寺过去有人卖这种昆虫。还给这种昆虫套上泥巴制作的小车，让它拉着走。看到这句话的时候，我也会联想到动物表演，如老虎、狮子钻火圈，海豹顶彩球。

让昆虫表演，是人们做生意的一种手段，真的是历史悠久。有人就曾提出观点：人类不应该建立动物园，剥夺动物的自由，更加不应该强迫动物去表演。

那么动物表演是好是坏呢？传统的习惯是否符合现代文明呢？这都是值得展开思考的问题。

这个素材，有很多的思考空间，能够写成一篇大文章。

搞懂了这两条标准，你就知道了作家们记录素材的窍门。

作家点拨

大多数青少年在写作时，遇到的最大难题是对待事物没有观点，没有看法。即便有看法，也常是陈词滥调，完全是人云亦云、鹦鹉学舌。大都是背诵下来的套路表达，没有真情实感，没有独特的思考角度。

那么，如何做到有自己的观点呢？

在这里我教大家三个基本的技巧。

第一，表达出自己的爱憎。我们人类作为高级动物，最典型的情感表现，就是喜欢和厌恶。

当我们描写一个事物的时候，写颜色，写形状，写气味，都可以直接表达出你的爱憎。

爱憎越鲜明，你所写的文字，就越具有情感的感染力。

在这篇《昆虫备忘录》中，汪曾祺就直截了当地表达了他的情感偏好。有一种蚂蚱是黑色的，而且还吐褐色的口水，汪曾祺觉得"顶讨厌"。

第二，换位思考，交换位置。很多精彩的观点和思考，都来源于交换位置。

昆虫长着复眼，我们觉得能接受。人长了复眼呢，那副样子就很可怕了。汪曾祺这就是把昆虫和人交换了位置。

我给大家再举一个例子：猫猫狗狗毛茸茸的，特别可爱。那要是人也长着一身茂密的长毛呢？那就像野人一样，比较惊悚了。

换位思考有助于我们打开思路，了解这个世界的丰富多彩、复杂深邃。写出来的东西才会具有深度和广度。

第三，结合独特的地域文化。我们中国幅员辽阔，十里不同乡，百里不同俗。每一个地方都有独特的地理文化、风俗习惯。

如果你够细心，会注意到汪曾祺的备忘录里面，反复写到昆虫的绰号。北京人把瓢虫叫作"花大姐"。河北人把尖头绿蚂蚱叫作"挂大扁儿"。这是独特的地域文化，反映了当地人的生活审美习惯。

北京女孩子常常被称呼为姐，"花大姐"的含义，就是指喜欢穿花花绿绿的衣服、打扮漂亮的女子。

瓢虫的翅膀是红色的，上有小圆点，色彩鲜艳，特别漂亮。这和女孩子爱美，穿得鲜艳的习惯很像。

从瓢虫的俗称，我们就了解到了北京人的风俗文化。还有的地方把瓢虫叫作"金龟子""红娘"等。

一篇文章，有了趣味素材，有了人的鲜明态度，有了换位思考，还有了当地独特文化风俗，那就有了丰富生动的潜质，更加容易成为佳作。

人文地理

我是个南方人，从小在南方长大。所以并不了解北方的风俗习惯。对北方的了解都源自读过的书。我在20多岁的时候出版了自己的作品，去北京参加《中国青年报》的笔会，进大学和中小学开讲座后，才遇到一些好玩的事情。同样的昆虫，我们南方人取的外号跟北方人不一样。就拿瓢虫来说，我们这边的方言叫它"麻母"。北方人口中的蜻蜓，我们湖北人叫它"叮叮"。不过也有叫法相同的例子，比如毛毛虫，北京人喊"洋辣子"，我在湖北听着大人们同样喊"洋辣子"。反正被它蜇到之后一定是火辣辣地疼。说起这些昆虫，总会唤起我的童年记忆。对我来说，最美好的昆虫就是蝉，因为蝉会蜕壳，蜕下的壳是一味著名的中药。小时候我会找遍我家附近的树林，收集蝉蜕，卖给药店的老板，换来零花钱，再开开心心地买我喜欢吃的零食和小说、漫画。

季羡林：《月是故乡明》

大师履历

季羡林（1911年—2009年），山东省聊城市临清人，字希逋，又字齐奘。国际著名东方学大师、文学家、教育家，北京大学终身教授，作出了杰出的社会贡献。曾经担任中国科学院哲学社会科学部委员、北京大学副校长，也是央视感动中国十大人物之一。

季羡林获得过鲁迅文学奖、茅盾文学奖。他的代表作有：《牛棚杂忆》《赋得永久的悔》《留德十年》等。

课文赏析

这篇散文是季羡林在78岁的时候创作的，后来被收入语文教科书，是一篇优秀的抒情散文，很值得我们细细品味。

首先我要给你解释一下，在课本里这篇散文的标题"月是故乡明"是一句古诗，来源于唐代诗人杜甫的《月夜忆舍弟》，表达了杜甫思念故乡、思念亲人的心情。可以说，这个标题就奠定了整篇散文的情感基调。

在散文的开头，季羡林就给出了一个斩钉截铁的观点："每个人都有个故乡，每个人的故乡都有个月亮。人人都爱自己故乡的月亮。"

接着，季羡林从中国传统文化的角度，揭示了一个文化现象：在中国古诗文中，月亮总有什么东西当陪衬，最多的是山和水，比如"山高月小"等等，不可胜数。

"山高月小"出自宋代文学家苏东坡的《后赤壁赋》，是一个很典型的论证例子。在山的衬托下，月亮就显得很小。季羡林的故乡是在山东西北部的大平原上，所以他小的时候从来没有见过山。在他的幻想当中，山大概是一个又圆又粗的柱子。季羡林在故乡看月亮，从来没有把月亮跟山联系在一起。

然后季羡林写到了水，在他故乡的小村落里面有很多大苇坑，不像洞庭湖那样气派。洞庭湖位于湖南省，号称"八百里洞庭湖"，特别大。季羡林提到洞庭湖，是为了跟故乡的水池水洼作比较。

到了晚上的时候，季羡林就走到长满苇草的水坑旁边，抬头看见

天上的明月清光四溢，与水里倒映的那个月亮相映成趣。

那个时候的季羡林还很小，还没成为有文化的大学者，所以他还不知道什么叫诗兴，但是，他也感觉到心中有什么东西在萌动着。诗兴就是写诗的兴致。

到了夏天，在黄昏以后，年少的季羡林躺在水坑边场院的地上，数着天上的星星。有时在柳树下面点起篝火，然后爬上树摇一摇，树上面成群的知了飞落下来，比白天用嚼烂的麦粒去粘要容易得多。知了也就是蝉。这些经历很好玩，所以季羡林就特别盼望天黑，黄昏来临。

童年的季羡林晚上回家睡觉，他还做梦了，梦到两个月亮叠在一起，月光更加晶莹澄澈。

你注意了，季羡林写故乡生活的小细节，并不是多余的。童年的趣事和美好回忆，奠定了一个人热爱故乡、思念故乡的情感基础。季羡林写数星星、柳树下点篝火、摇知了、梦见月亮，是为了给后面的抒情做铺垫。

季羡林在故乡只待了六年，然后就背井离乡，到山东济南的大伯家生活去了。在济南住了十多年，又考上清华大学，在北京度过四年，又回到济南待了一年，然后出国留学，在欧洲住了近十一年，学成归国又回到北京当了大学教授，到季羡林写这篇散文的时候，又过去了几十年。在这些年里，季羡林去过世界上将近30个国家。在全世界各地，看过许许多多的月亮。文章原文写道："在风光旖旎的瑞士莱芒湖上，在无边无垠的非洲大沙漠中，在碧波万顷的大海中，在巍峨雄奇的高山上，我都看到过月亮。"

注意了，季羡林用列举的写作手法，提到一些在外国看月亮的回忆。这些异国他乡的月亮都非常美妙，季羡林很喜欢。但他忘不了自己故乡的苇草水坑的小月亮。

紧接着，季羡林抒发心中的感叹："对比之下，我感到这些广阔世界的大月亮，无论如何比不上我那心爱的小月亮。"

他是故意用广阔世界的大月亮和故乡的小月亮作对比，就是想强调，故乡的月亮虽然小，他却更加喜欢，更加念念不忘。

季羡林思念故乡，所以就觉得故乡的小月亮是最好的。月亮总是跟乡愁紧密联系在一起。就像李白那两句著名的诗："举头望明月，低头思故乡。"

月亮在中国人心里面是和故乡画上等号的，这在文学创作当中也叫作借物抒情，是一种以描写事物来表达自己思想感情的写作方法。

对比了外国的月亮，对比了大城市的月亮，季羡林还是觉得故乡的小月亮更加可爱。看到月亮就想起故乡，所以季羡林用祈望的话，来给文章收尾，他写道："月是故乡明，我什么时候能够再看到故乡的月亮啊！"

乡愁在文学当中，是一个永恒的主题。如果你也有离开故乡的生活经历，就可以参考季羡林的写作方法，写一写你自己的故乡。

好，这篇散文我们就读到这里。

📖 作家点拨

乡愁是文学创作的永恒主题。季羡林这篇散文蕴含了丰富的中国古诗文基础知识，使用通俗易懂的大白话诠释了乡愁，论证了古诗"月是故乡明"蕴含的哲理："每个人都有个故乡，每个人的故乡都有个月亮。人人都爱自己故乡的月亮。"

季羡林写这篇散文的时候，已经七八十岁了，住在北京大学的朗润园里。季羡林是这样描写朗润园的风景的，原文写道："此地有茂林修竹，绿水环流，还有几座土山点缀其间，风光无疑是绝妙的。每逢望夜，一轮当空，月光闪耀于碧波之上，上下空蒙，一碧数顷，荷香远溢，宿鸟幽鸣，真不能不说是赏月胜地。荷塘月色的奇景，就在我的窗外。"

朗润园的风光这么美好，比故乡好很多。但是季羡林还是思念故乡苇坑里的那个平凡的小月亮。

爱，是人世间最珍贵的思念。这正是文学的价值，为我们记录下一个人内心深处的深情。

季羡林先生还有一篇小文章《怀念母亲》，他在里面写道："我一生有两个母亲，一个是生我的那个母亲，一个是我的祖国母亲。我对这两个母亲怀着同样崇高的敬意和同样真挚的爱慕。……后来我到德国留学，住在一座叫哥廷根的孤寂的小城，不知道为什么，母亲频来入梦。我的祖国母亲，我是第一次离开她，不知道为什么，我这个母亲也频来入梦。"

季羡林先生得出一个结论："我在国内的时候，只怀念，也只有可能怀念一个母亲。到国外以后，在我的怀念中增添了祖国母亲。"

这是一种更加博大、更加升华的爱屋及乌。从自己的母亲，延伸到祖国母亲，升华为永恒的家国情怀。

一、中心思想

《月是故乡明》创作于季羡林78岁，是一篇回忆故乡的散文。它的中心思想是回忆自己的故乡和童年，通过对故乡月亮的描写，对比古今中外的月亮，抒发了对家乡的思念。

二、写作手法

列举：一个一个地举出来。

"在风光旖旎的瑞士莱芒湖上，在无边无垠的非洲大沙漠中，在碧波万顷的大海中，在巍峨雄奇的高山上，我都看到过月亮。"

借物抒情：以描写事物来表达自己思想感情。

"看到它们（季羡林这里是指外国的月亮），我立刻就会想到故乡苇坑上面和水中的那个小月亮。对比之下，我感到这些广阔世界的大月亮，无论如何比不上我那心爱的小月亮。"

朱自清：《匆匆》

大师履历

朱自清（1898年—1948年），原名自华，号实秋，字佩弦。原籍浙江绍兴，出生于江苏省东海县（今连云港市东海县平明镇），后随父定居扬州。中国现代散文家、诗人、学者、民主战士。代表作：《背影》《荷塘月色》等。

课文赏析

朱自清先生的文章，是现代白话散文的典范，有着明白易懂的特点。

这篇《匆匆》，尤其文风朴实，流畅自然。

你要写时间，就不能直接写时间，而是要写时间流逝中的万物所产生的变化。

燕子的变化是飞走了，回到温暖的南方过冬去了；杨柳树的变化是枝叶枯萎了，要等到明年的春天，才会重新"青春焕发"，翠绿可爱；桃花的变化是凋谢了，同样，也要等到明年春天再次开放。

美好的事物都在消失，这才衬托出时间的流逝，多么令人感到无奈和惋惜。光阴在一点一滴地逝去，我们无法阻止。

我们手里的时间越来越少，拥有的生命越来越短。朱自清甚至直接开始默默地算起账来，已经有八千多个日子从手中流走。

这篇文章是朱自清在 1922 年 3 月写的。那时候的他也就 24 岁。

按照我们现在人的平均寿命 75 岁来看，他 30 岁不到，还很年轻呀，青春年少，还有很多的时间呢。可是如果按照民国时期的平均寿命 35 岁来看，朱自清已经活了大半生了。

这么一看，难怪文章里充满了无限的悲伤叹息，甚至眼泪。

朱自清觉得时间像逃跑一样去得飞快，在匆匆的岁月里，他扪心自问，还剩下什么？有没有完成心中的梦想？有没有做出点事业成就？人赤裸裸来到世界上，最后也会赤裸裸地死去，不能够白白走这一遭。

朱自清先生表达的思想是，无论还有多少时间，都要过好自己的一生。

所以我们阅读文章，一定要结合作者的时代背景、具体的年龄身份。才能够理解作者的心情。

朱自清享年五十岁。在他写这篇散文的时候，的的确确，已经用掉了人生的一半。

那个时候，还是五四运动过后的低潮期。五四运动爆发的时候，中国的青年一代怀着热血热情想要救国。很快，捍卫国家主权的学生们，就被封建势力和帝国主义列强联合打压下去。

当时许多青年人普遍有着悲观沮丧的心态。身为青年知识分子的朱自清，他的苦闷压抑也在文章中反映出来了。文人作家的心灵，是敏感的。大时代的影响，加上个人对青春流逝的惋惜，就有了这篇白话散文。

其实，感叹时光流逝，伤春悲秋，在古今中外的文艺创作当中，都是永恒的主题。青春太美好，生命多可贵呀！而这样美好的东西，却一去不返。

唯有做出一点有价值的事情，才不辜负我们仅此一次的人生。

作家点拨

朱自清先生为中国现代白话文写作作出了巨大的贡献。他的散文，就是白话散文的典范之一。所以，我们尤其要重视《匆匆》里的遣词造句，学习他的修辞手法、写作技巧。

一、重点掌握叠词和短句

"我不知道他们给了我多少日子，但我的手确乎是渐渐空虚了。在默默里算着……"

"太阳他有脚啊，轻轻悄悄地挪移了，我也茫茫然跟着旋转。"

"天黑时，我躺在床上，他便伶伶俐俐地从我身上跨过……"

"默默里""茫茫然""轻轻悄悄""伶伶俐俐"，这些叠词起到了增加语言文字的韵律，使文风更加生动的效果。

还比如标题"匆匆"，给人以真真切切的紧迫感、急促感。

日常生活中的口语就充满了叠词，在书面文章中大量使用叠词，也是一种向口语靠拢的技巧。这样可以让生活气息更加明显，更加具有真实感。

二、重点掌握首尾出现的问句

"聪明的，你告诉我，我们的日子为什么一去不复返呢？"这句话在开篇就出现了，在末尾再次出现，首尾呼应，表达出强烈的感伤惋惜之情。

很明显，这里的问句属于明知故问，也就是修辞手法里的"设问"。作者知道答案，也写出了答案。他只是通过自问自答，来强调主题。

原文里还写道："我留着些什么痕迹呢？我何曾留着像游丝样的痕迹呢？我赤裸裸来到这世界，转眼间也将赤裸裸地回去吧？但不能平的，为什么偏要白白走这一遭啊？"

这是对自我的质疑，也是对自己的高标准要求。朱自清希望自己不要辜负光阴，要有所作为，留下存在的痕迹。

读到这里，我们不妨把自己代入到朱自清的文章里，也会产生强烈的共鸣。我会联想到古往今来，许多的类似的感叹。"莫等闲，白了少年头，空悲切""一寸光阴一寸金，寸金难买寸光阴""一万年太久，只争朝夕"等经典名句。

此外，朱自清非常擅长运用拟人、比喻、排比。以下两句尤其适合模仿练习。

1."于是——洗手的时候，日子从水盆里过去；吃饭的时候，日子从饭碗里过去；默默时，便从凝然的双眼前过去；我觉察他去得匆匆了，伸出手遮挽时，他又从遮挽着的手边过去；天黑时，我躺在床上，他便伶伶俐俐地从我身上跨过，从我脚边飞去了……"

2."过去的日子如轻烟，被微风吹散了，如薄雾，被初阳蒸融了……"

朱自清在这里并不是只打个比喻就完了，而是顺着比喻的事物，进一步抒情感叹。一转眼，时间都去哪里了？"被微风吹散了"，"被初阳蒸融了"，表现出深深的无奈。时间不等人，切合了题目"匆匆"两个字。

人文地理

朱自清在浙江台州市下辖的临海市写下《匆匆》的时候，是1922年的春天。在散文里叹息着"我们的日子为什么一去不复返呢？"的大名鼎鼎的朱自清，为什么会出现在一个小城？答案是，当时他在台州初级中学当老师。

　　看着临海这个地名，就能猜到，这个县城靠近东海，以海得名。这个地方，有燕子，有杨柳，有桃花。朱自清面朝大海，春暖花开。在朱自清的记忆里，这座小城中，可以在南山殿望江楼上，看浮桥；也可以在当地的东湖水阁上，看柳色和水光，顺便看看钓鱼的人们；还可以看田野，看天，看梨花——等到了冬天，再回到北固山，看山上的雪。许多年以后，古城旧貌换新颜，更加热闹。东湖公园里的戏台前，是悠闲享受时光的老人、孩子。紫阳老街上，有密密麻麻的小吃摊贩，还有朱自清纪念馆，馆里有他的一幅书法"书囊无底"，以此形容一个人的学问深不见底。朱自清先生的文学气，留在当地，让这个小城从此更加闻名。